人生沒什麼放不下，
在紛紛擾擾中
活出豁達心境的
29帖安定禪方

你的心有一道牆

大愚元勝 著

徐欣怡 譯

自分という壁 自分の心に振り回されない29の方法

第1章

所有「煩惱」萌生之處

第2章

跨越「憤怒」這道牆

第3章

跨越「無知」這道牆

第4章

跨越「想要」這道牆

第5章

改變「心的習氣」，不再受負面情緒擺布

作者序

面對自己的心，就可以從煩惱和痛苦中解脫

各位讀者好，我是大愚元勝。目前在日本愛知縣小牧市的佛心宗大叢山福嚴寺擔任住持，平時也透過YouTube等平台接受各地民眾的煩惱諮詢。

「每天都一堆煩心事，我快受不了了。」

「我一直為過去的事感到後悔，內心好痛苦。」

「活著好累。好想死。」

諸如此類的煩惱從日本全國各地如雪片般湧來，目前約有兩千五百人在排隊等候諮詢，而且人數逐年攀升。

這情況清楚顯露出，生活在現代的我們，日子過得有多麼艱難，每一天的內心苦悶又有多麼煎熬。

傾聽了許多人的煩惱和苦楚後，我強烈體認到一件事——那就是，煩惱的根源明明全都起於「同一處」，大多數人卻沒有發現到這一點。

從結論來說，內心升起的所有苦澀，全部源自於「你頭腦中的妄念」。換言之，其實和別人並沒有關係。

我這樣說，或許有人會提出下面這種反駁。

「才不是！我會這麼痛苦，都是公司那個討人厭的主管害的。」

「出軌的明明是老公，為什麼是我不好！」

然而，請各位想想看。「討人厭的公司主管」或「出軌的老公」，只不過是導火線而已。後續衍生的痛苦及煩惱，其實都來自你的內心。

「那不就一點辦法都沒有了嗎……」可能會有人這樣想。

但請各位放心，這種時刻能助各位一臂之力的就是「佛教」。有些讀者可能有所誤解，但佛教並非主張「相信釋迦牟尼（佛陀）就能得到救贖」的宗教。

此外，佛陀這個詞的意思是「覺醒於真理的人」，用來稱呼開悟後的釋迦牟尼，但在本書中，我會直接用「佛陀」二字來代表釋迦牟尼。

佛教的主軸，一語道破就是「心」。我們要面對自己的心，徹底觀照其變化及反應，冷靜分析情緒的流轉，讓自己放下煩憂痛苦，培養一顆安穩平和的心。

儘管這些教誨是在距今超過兩千五百年前闡述的，內容仍然合乎邏輯又實用，都是值得身處現代的我們採納的智慧。只要妥善運用這些思維方式，無論何種煩惱或痛苦，都有辦法消除。

即便是看似寸步難行的沉重問題，也必定能從中找到解決的線索。

我自己也曾多次從佛陀的教誨中獲得救贖。好幾次我經歷嚴重失敗想要一了百了，或投注大量心力的事業發展不順，被逼到走投無路時，都是因為在佛教的觀念得到啟發，回頭重新審視自己的心，才得以成功克服危機。

面對自己的心並設法做出改變，需要勇氣。

詳細內容我會在書中說明。但要做到這點，各位必須跨越妄念、臆測、想跟別人比較的衝動等一道道在你自己心裡的高牆。

只要能拆除那些牆，直面自己的心，就可以從諸多煩惱和痛苦中徹底解脫。

憤怒、悲傷、忌妒、不安——這些負面情緒，只要我們身為人，就不可能徹底消除。

不過，即使一概稱作「憤怒」，仍可區分為必要的憤怒（應該保留的憤怒），以及不需要的、最好捨棄的憤怒。清楚辨別兩者也很重要。

若是能深入理解那些正令你感到痛苦的不必要情緒，與之好好相處，學會逐漸放下，就能用比現在更輕鬆、更平靜的心情度過每一天。

這就是跨越自己「心中那道牆」的整套流程。有些人或許會心想：「真要那麼簡單我就不用受苦了，我一定辦不到。」但那些想法並不是真的。只要掌握解決煩惱的思維方式，在生活中一點一滴實踐，積沙成塔，就很有機會逐漸改變你內心的習氣和思考習慣。來找我諮詢的許多人也都正透過這種方式，慢慢放下煩憂和痛苦。

本書將會詳細說明跨越「內心那道牆」的方法，並陪伴各位一起練習。書中內容雖然立基於佛教思維，但我力求文字表達清楚易懂，希望讓不熟悉佛教的讀者也能輕易理解，諸位大可放心。

人生中，「苦」壓倒性地遠多於「樂」。

可是，即使置身苦境，只要能真正學會面對痛苦，以及坦然放下的方法，內心湧現快樂、開心或幸福的瞬間就會與日俱增吧。

如果本書能成為照亮你人生旅途的一盞燈，那將是我最高興的事了。

第 1 章

所有「煩惱」萌生之處

創造痛苦的並非他人，而是「自己的心」。

「這也想要，那也想要」
就是你痛苦的根源

各位對佛教抱持著什麼樣的印象呢？

「是那個誦唸南無阿彌陀佛，信奉釋迦牟尼這位神明的宗教吧？」

想必有人是這樣想的。

其實完全不是這樣的。真正的佛教並非是一種只會向神明祈禱、依賴佛陀的宗教。

我在本書一開頭也曾稍微提及，佛教關注的主題是「心」。

觀照自己內心的念頭，設法減少每個人心中都有的煩惱和痛苦，為了更快活過日子而不斷努力——這是佛陀闡述過的教誨，換言之，就是佛教的本質。

佛教不是立基於神明，而是立基於自己。這一點可說是與其他宗教相當不同的地方。

人都有欲望，而佛陀發現，欲望愈大痛苦也就愈大。

「我想進好學校念書，進好公司上班。」

「我想跟條件優秀的好對象結婚。」

「我想賺很多錢，住豪宅過上奢華的生活。」

在現代來說就像是這些欲望。

人們時常認為只要滿足這些欲望，自己就會獲得幸福。但欲望是無止盡的。**即使滿足其中一個欲望了，依然會「這也想要，那也想要」，又開始渴求其他事物，不自覺與他人比較，變得想要「更多」**。然後，這個「想要更多」的心念就會帶來更多的痛苦。

佛陀發現一件事——一個人如果一直向外尋求痛苦的原因，痛苦就不會消失，自然也沒辦法感到幸福。

佛陀說，如果真心想獲得幸福，必須將注意力轉向自己的內在（心），付出努力去一步步整頓自己的想法。

換句話說，只要能跨越「自己心中那道牆」，放下煩憂，就能過上內心更平靜的生活。

○獲得幸福的提示就在「你的心裡」

這裡說的「努力」，和我們平常認為的那種努力稍有不同。我們之中有許多人，時刻為了獲得前面列舉出的那些「好東西」而拚命努力，例如，努力賺取比別人更多的財富、過上富裕生活，或者從小就被教育「要為此努力」。

我不會說那全是錯的，只是，這種透過外在事物來尋求幸福，並以此為寄託的生存方式，內心很容易因「想要更多」而產生痛苦。

佛教的宗旨則不同，**佛教是要人安頓內心，「為放下心裡面的痛苦而努力」**。

而佛陀揭示了達成這個目標的方法及路徑。

「人生一切皆苦。換言之，一切都始於苦，我們只能接受這件事。為此，我們要培養智慧，化解內心的苦澀，開朗快意地活下去。活著，就是一連串的苦。既然逃不過老病死的苦惱，倒不如徹底看清現實，豁達面對人生大小事，盡量活得盡興歡快，不是嗎？」

簡單來說，佛陀留下了這樣的訊息。

佛教並不是宣揚「只要遵從神的教誨就能獲得幸福」、「只要相信〇〇就會得救」的宗教，而是「只要這樣思考，這樣去實踐，就能放下煩惱及痛苦」的思考方式及實踐法則。

後面我會在第五章說明，佛教針對痛苦的處方籤是：「捨棄惡念及負面情緒（不善心所），培養善念及正面情感（善心所）。」

不是對症治療，而是對因治療（著重治本的根本療法）。當然，要全部實踐並不容易，但只要做到其中的一點點，一個比此刻更輕鬆自在的世界就會在你眼前展開。

兩千五百年前的智慧
是你放下
「此刻煩憂」的工具

「佛教的觀念，很像阿德勒心理學吧？」

常有人這麼說。許多人在剛開始接觸佛教不久時，會產生這種印象。

這樣講其實順序搞反了。**不是佛教很像阿德勒心理學，是阿德勒心理學很像佛教。**

心理學家阿爾弗雷德・阿德勒（Alfred Adler）是一八七〇年誕生在這個世界上的，他開始提倡阿德勒心理學是二十世紀後的事。

相對於此，佛陀創立佛教是在距今大約兩千五百年前，西元前五世紀左右的事。

雙方探討的基本主題是相同的——「該如何做才能擺脫痛苦，獲得內心的平靜？」但作為一門學問，其歷史悠久程度仍有所差距。

在阿德勒活躍的那個年代，歐洲也熱衷於研究佛教，許多學者都深受佛法薰陶，說不定阿德勒其實也受到了一定程度的影響。

○佛教的基本態度是習得「三藏」

佛教中有名為「三藏」的學問體系。指的是在學習佛教時不可或缺的態度，以及應該掌握的學問，由「經、律、論」這三個部分所組成。

「經」指的是「佛陀的教誨」。佛陀在三十五歲開悟，圓寂於八十歲那年，中間的四十五年行遍各地說法，拯救了許多人脫離苦海。弟子阿難隨侍佛陀身側，聆聽過的佛陀教誨比任何人都多，在佛陀圓寂後，以阿難為首整理出的佛陀說法記述即為「經」。

「律」指的是，應遵守的團體規範。

「一個人容易懈怠。兩個人的話，要是吵架就破局了。三個人的話，會分成兩人對一人相互對立。所以修行時最好聚集四個人以上彼此扶持、相互鼓勵。」

佛陀這般勸戒眾弟子。這種由修行者組成的團體稱為「僧伽」（僧團）。在超過四個人的團體中，由於每個人的成長環境及想法各有不同，為了讓所有人在生活中相互妥協，不起爭端，就需要一些規範。那便是「律」。

「論」，則是對經和律的注解書，或者是後世弟子針對經或律的內容，獨自整理出的理論。

「經、律、論」合稱為「三藏」，三藏皆精通的僧人則稱為「三藏法師」。說到三藏法師，最有名的三藏法師就是中國小說《西遊記》中出現的那個角色，但那並不是一個專有名詞。歷史上精通「三藏」的法師不勝枚舉。

○佛教中蘊含著「人該如何放下痛苦」的答案

接下來，我們切入正題。

在三藏的最後一個「論」中，有一部詳細剖析人心的解說書名為《阿毘達磨》。

簡單來說，就是佛教心理學的教科書。

而本書就是在盡量不用艱澀佛教用語的前提下，簡明易懂地說明這部《阿毘達磨》中所闡述的「放下痛苦的方法」。請讀者先有這項認知。

兩千五百年前的教誨能適用於現代嗎？

應該也有人心裡會有疑慮吧。

但請各位不用擔心。正因為適用，佛教才沒有式微，得以流傳至今。而且，歷史上的許多心理學家也都曾參考佛教的思想。

佛教用一種極富邏輯的方式，逐一將我們的煩惱和痛苦是如何產生、具有哪些特性，又對我們的身心有何不良影響，整理成一套脈絡清晰的體系。

同時，針對「該如何逐步放下痛苦呢？」這個問題，也非常仔細、條理分明地揭示了解決方法。

令人驚訝的是，其中的內容和現代科學家經過各種研究得出的結論，或心理學家作為常識掛在嘴上的「現今的做法」有高度相關。佛陀在兩千五百年前就已經達到了那樣的境界。

佛陀是心的大師

職業足球選手是足球的大師。料理鐵人是料理的大師。而佛陀，就是「心的大師」。我們僧人的職責便是學習佛陀的教誨，加以實踐，並將這些教誨傳遞給身陷煩惱的人們。**不是要把佛教當作一門學問來學習，而要將其視作一種安頓內心的自我鍛鍊，日積月累地持續努力。這就稱為修行。**

我並不曾修習心理學，卻能夠在YouTube頻道「大愚和尚的一問一答」接受大家關於各方面煩惱的諮詢，也是因為我持續學習佛陀的教誨，不斷修行精進的緣故。

本書接下來要傳達的內容，應該會對消除你的煩惱及不安有所幫助。因為佛陀給出的答案就是如此實用又效果顯著。

「活得高明」與
「活得愚昧」的人
有何差別？

名為《七佛通誡偈》的佛偈（利用韻文「詩」的形式來闡述佛教教義的文體），簡明易懂地總結了佛陀教誨的精髓，只是文字稍顯艱澀。

諸惡莫作……「不做壞事」。
眾善奉行……「做好事」。
自淨其意……「保持內心純淨」。
是諸佛教……「開悟後的佛陀闡述的教誨」。

那麼何謂壞事，又何謂好事？
這些詞究竟是在指什麼呢？
只要談及《七佛通誡偈》，常會有人提出這樣的問題。
這裡所說的善惡，首先是在講道德上的善惡。同時，善又意指「高明」，惡指「愚昧」。

請遵循道德過活。

請捨棄「愚昧」，活得「高明」。

還有，請保持內心純淨。

佛陀這般諄諄教誨。

平時在生活中，我們有不少無意識的行動。

比方說，單看走路這個動作就好，在我們交替踏出左腳、右腳的同時，其實需要不斷破壞又重新找回身體的重心及平衡，但這些動作就算不用頭腦思考，也能憑感覺完成，對吧？

可是，小嬰兒要從爬行轉變成用雙腳走路的過程卻相當艱難。要一遍遍嘗試，從中慢慢抓到動作訣竅，最後才能學會怎麼站起來走路。如同走路一樣，現在無意識就能做到的各項行為，也正是各種微小的累積所帶來的禮物。

那麼，如果我們無意識重複的習慣中含有「愚昧的部分」……如果在自己都沒留意到的情況下不斷累積了「愚昧的做法」……

畢竟是無意識的行為，要修正非常困難。

那該怎麼做才好呢？

要讓那件事從無意識的狀態，轉變為有意識的狀態。關鍵在於，自己要去察覺那些「愚昧的部分」。

只要改變信念，命運就會隨之改變

「不知道為什麼，那個人說話的方式就是會惹得我一肚子火。」

「雖然明白他想表達什麼意思，但他說話的方式太刺耳了，每次和他講話都很不愉快。」

這種情況想必也常發生在日常人際關係吧。一個人只要表達方式拙劣，就算說出的內容正確無誤，也會給對方留下負面印象。

由於問題常常是出在語調、舉止及口頭禪這類無意識展現出來的部分，所以本人通常難以自行發現。

說話是在向外界輸出，因此我們還可以透過他人的反應和提醒來逐步修正自己。但是，**隱藏在自身思維模式中的習氣只有本人知曉，因此想要變得「高明」，就必須靠自己去意識到那些愚昧的部分。**

甘地有一句名言是這樣說的：

「只要信念改變，想法就會改變。只要想法改變，話語就會改變。只要話語改變，行動就會改變。只要行動改變，習慣就會改變。只要習慣改變，人格就會改變。只要人格改變，命運就會改變。」

我們往往都只盯著「命運」這一塊，哀嘆自身的不幸。可是這樣並不會改善任何事，因為如果不先改變最根源的「信念」，就無法扭轉後續引發的「命運」。

我們所抱持的「信念」，是在無形中受到家人、朋友、認識的人或媒體等周遭各種影響下慢慢形成的。每個人都是根據那些無意識的信念思考、說話、行動。然後，那些信念就決定了你我的人格及命運。

佛陀想改變的，就是深植我們內在底層的那些信念與思維模式。

當然，那些信念是從小時候就開始一點一滴積累而成，要改變談何容易。不過，如果一個人是真心想扭轉自己的命運和人生，除了回歸根本，沒有其他途徑。反過來說，**只要能夠改變根源，就能放下此刻所有的煩惱及痛苦。**

比方說，有個人不擅長與他人溝通，苦惱於人際關係處處不順。如果他只是一味哀嘆自己命不好，總把「我生下來就是這種個性，注定悲慘一生」或「我就是跟誰都沒辦法打好關係」這種話掛在嘴上也無濟於事。這種時候，他可以試著去接受一個新的信念——「對周遭的人懷抱感謝之情，一次一點點也好，付諸行動去表達出來。」

哪怕只是件小事也想著「真令人感激」，並實際張開嘴巴說聲「謝謝」。只要嘗試這樣去做，周遭人們對你的評價和態度也會慢慢發生變化，接下來可能會開始有人主動向你搭話，或者出現其他交流機會也說不定。

懷著「感謝他人」的信念，改變想法，改變話語，改變行動，改變習慣後，人格會隨之轉變，命運也將逐漸發生變化，指的就是這麼一回事。

佛教，就是一套將「覺察自我」的方法妥善統整的完整體系，幫助我們回頭關照自身。

「擁有一切的那個人」心裡也有煩惱及痛苦

佛陀出身皇族，不愁吃穿，在人人羨慕、得天獨厚的環境中成長。儘管如此，他的煩惱及痛苦也不曾停息。最後，他捨棄了一切發起社會改革，成為佛教的開山祖師。

「每個人都會有煩惱及痛苦。」

只要身為人，就逃不過這個宿命。

我透過「大愚和尚的一問一答」這個YouTube頻道，接受來自日本各地形形色色的人前來諮詢，在這過程中，我也深切體會到這一點。

「我有一輩子都花不完的遺產。」

「我住在豪宅，老公是上市公司董事，小孩就讀明星學校。」

有些人即便過著這種人人稱羨的生活，依然向我傾吐許多煩惱。你可能會想：「這種生活還有什麼煩惱和痛苦？」但出人意料地，這類諮詢其實不少。

他們說：「我不知道自己活著是為了什麼。」

那種痛苦是，不管吃什麼、穿什麼，都沒有任何感覺。

比方說，相比於大約八十年前正值戰爭中的日本，我們現在既不愁吃，也不愁穿。

戰爭結束後，冰箱、洗衣機、黑白電視——三種家電神器開始普及。接著，讓生活更加便利的各種電器產品以驚人速度不斷進化。直到不久前，手機都還算是昂貴的物品，但現在價格已經親民到連小學生都能理所當然地人手一機了。

從佛陀生活的時代來看，各位身處的現代，生活水準簡直可以媲美皇家等級了吧。不過，一旦有人問：

「每天過得幸福嗎？」

「都沒有什麼煩惱嗎？」

大家說出口的全是抱怨。

現代社會的各種大小事的確更方便，生活也更舒適了，但這並不代表人們一定就更加幸福。

有些煩惱或痛苦是無論何時，無論身在何處，無論你是誰，都無法避免的。

○有些痛苦，即使獲得財富或名聲也無法消除

即使獲得了現代社會價值觀相信「只要變成那樣就會幸福」的生活及環境，煩惱及痛苦仍然會無可避免地隨之而來。

就算擁有大筆財富、累積到豐碩資產，我們心中「想要更多」的欲望也永遠不會有滿足的一天吧。

當電視新聞播報出名利雙收、過著奢華生活的名人自殺消息時，大家往往會忍不住驚呼：「那個人怎麼會這麼做？」

以前，我曾接受唱片公司委託協助宣傳活動，在YouTube上介紹美國創作歌

手怪奇比莉（Billie Eilish）的新歌。

聽說她曾飽受重度憂鬱症所苦，內心脆弱到甚至一度萌生自殺的念頭。宛如天之驕女的她，十九歲就連續兩年榮獲葛萊美獎的最佳年度製作，是史上最年輕的獲獎者。

但即使是這樣擁有傲人經歷、受全世界矚目的超級巨星，一個紅透半邊天的藝人，也都有令她深陷憂鬱狀態的煩惱和痛苦折磨。

除了藝人，在職業運動選手或醫生這類大家所憧憬、羨慕的專業人士中，其實也有許多人不同於我們看到的光鮮亮麗，內心是充滿掙扎的在過日子。

也就是說，**即使是那些令人不由得「心生羨慕」、境遇得天獨厚的人，也都會有他們要面對的煩惱和痛苦**。而且，正因為煩惱和痛苦不會憑空消失，我們更有必要理解心的運作機制，才知道該怎麼好好守護自己的心。

就連煩惱也是
「諸行無常」

以印度古老語言巴利語寫成的佛經中，頻繁出現dukkha這個單詞。這個詞在傳入中國後被翻譯成「苦」。

一聽到「苦」，就會聯想到憤怒、憎恨、悲傷等負面情緒吧？

不過，喜悅或快樂這類乍看之下正面、被視作有益的情緒，其實也是dukkha，也就是等於苦。

喜悅和快樂也是「苦」。

佛陀是這麼說的。

「這是怎麼回事？」此刻的你可能感到很混亂，但dukkha絕非一個負面詞彙。dukkha這個詞是在描述「變化不止息」的狀態。

就像我們會說「喜悅的反面是痛苦」，人往往會立刻陷入二元對立的思維模式，但無論喜悅或痛苦，都只不過是在內心短暫出現又逐漸消退，不斷變化的一種刺激罷了。

如果用鐘擺原理來想這道理，應該就很容易懂。

當情感朝負面方向擺盪，就變成痛苦，而朝正面方向擺過去時，就會變成喜悅，對吧？

不過，這種喜悅之情不是永久的。

比方說，你很喜歡一個人，向對方告白後，對方答應交往。這件事會令人歡天喜地，甚至開心到簡直要飛上天。正因如此，你會希望「這份愛可以持續一百年」。

但戀愛並非全是愉快的部分，大多數人總有一天都得面臨分道揚鑣的時刻。愈是喜歡，快樂的回憶愈多，失去時的悲傷也就愈巨大，這就像鐘擺勢如破竹地朝痛苦那側甩過去一樣。

到頭來，**在鐘擺既不向喜，也不向悲擺盪的中間狀態下，你的心最為平靜**。

佛教裡所講的「心的安寧」（幸福），正是時時刻刻觀照自己的心，明白內心本來就會有高低起伏的變化，在這個認知基礎上，有能力引導自己的心回歸到穩定的狀態。

喜悅和痛苦都不會永遠持續

如果一個人的戀愛觀，是把「永遠保持熱戀期的甜蜜」當作理想，那隨著交往期間拉長，令他感到痛苦的事可能就會愈來愈多。

在工作或其他事情上，一個人若是抱持著「自我肯定感要夠高才行」、「我必須經常保持正面心態」的想法自我鞭策，最終一定會因為做不到而痛苦。

喜悅或悲傷，不存在絕對值。

希望永遠和戀人甜甜蜜蜜的。應該要成為一個自我肯定感高的人。每天都必須帶著正面情緒度過。如果像這樣把社會認定的「這樣做更好」或「應該怎樣才對」的想法當作一個絕對的標準，生活反倒會離幸福愈來愈遠。

當然，開心的時候就盡情開心吧。可是，大家必須理解那份開心是不會永遠持續的。

另一方面，有很多人也會擔心自己，「該不會就這樣一直悲慘下去吧……」也請各位別過度焦慮。

痛苦也一樣，不會無止盡延續的。

佛教的觀點是，存在於這個世界上的所有事物都是「虛擬的相」。各種現象並不會保有同一性，而是持續不斷在變化的。這項真理就稱為「諸行無常」。

沒有任何事物會永遠不變。

有樂，就有苦。相對地，有苦，也就有樂。

而且，喜悅和痛苦本就源於我們的心，都是自己可以掌控的。

我們就先來認識一下其中的機制吧。

創造痛苦的並非他人，
而是「自己的心」

一切痛苦都源自於自己。自己的心，正是製造出痛苦的那座工廠。

那麼，究竟是什麼原因促使痛苦在內心生成呢？

但話說回來，創造出「痛苦」的「自己這個存在」，究竟是什麼？

我們稱之為「我」的這東西，叫作「自我」。

所謂自我，是基於本能、絕對無法抹去的一種情感反應。**堅信「我」就是在這世界上必須最受尊重，必須被擺在第一位的存在，而不是其他任何人。**

這件事不僅限於人類，對所有生物都適用。一旦「我」這個最重要的存在受到威脅、受到傷害，或陷入某種危機時，出於本能就會想要挺身保護自己。

這種防衛本能稱為「我執」（自我），這即是我們所感知的「我」，也就是製造痛苦的那個「自己」。

○說「討厭自己」的人其實最喜歡自己

我們在無意識中就會非常重視自己。

「我討厭自己討厭得要命。」

「我討厭自己到想自殺的程度。」

就連抱持這種想法的人也不例外。

其實在渴望自殺的衝動底層，有一股「強烈的自我＝最喜歡自己」的意念在運作著。甚至要說是為了展現這一點，才會想自殺也不為過。這也可以稱得上是「最喜歡、最該被珍視的自己」無法獲得認可所導致的反擊吧。

比方說，一個女孩子被最愛的男友拋棄後打算自殺。

這個決定，原因不在於男友身上，而是理應最被愛惜的「我」遭到拋棄，這項事實令她感到不可饒恕。

換句話說，正是因為最喜歡自己，才沒辦法接受「自己不受重視」的現實。

是那個抗拒「事情不如己意」的強烈自我，在折磨著自己。

每個人都會妄想，認為「自己永遠都應該得到最好的對待」。大家都認為「自己理應獲得比其他人更多的愛」、「自己應該被接納」，還有「自己的主張和感受，別人都應該認同」。

當這些妄念益發膨脹，內容愈是具體，其能量就愈巨大，那樣一來，當「自己不受重視」時的反作用力也就會等比例放大。

○大家最重視的都是「自己」

這就是為什麼由戀愛關係引發的傷亡事件，不管在虛擬世界或現實世界會多得數不清。換句話說，就是所謂的「感情糾紛」。

原本超級喜歡對方，後來卻恨不得殺了他。或者如同前面的例子，因為無法接受感情的失敗，而想從這個世界上抹去自己的存在。他殺和自殺一樣都是殺人，差別只在於對象是情人還是自己。

遭遇挫折，或與戀人分手，當事情的發展與自己的預期不同，脫離自己妄想的完美腳本，於是人就會產生憤怒或悲傷這類情緒。

自我是一種防衛本能，是一種無意識的運作機制，因此要先去了解自己的心，認識每個人都有的「我執」，以及它具備的能量和情感波動強度，這點是很重要的。

無論歷經多少修行，也沒有人能像佛陀那樣達到徹底「無我」的境界。

就如同你重視自己一樣，別人也重視他們自己。

只要能先認知到這一點，自然就可以去同理他人、體貼他人吧。

不要一味把自己的「我執」放在首位，希望大家在任何事上都能將心比心，去思考「如果自己處在對方的立場，會有什麼感受」。

「凡事都想比較」的欲望
會支配你的情緒

創造痛苦的重要因素，前面我們討論過自我防衛本能，也就是「我執」。但重要因素不只有這一項。接下來我們要談的是，「渴望和他人比較的衝動」。佛教稱這種心的傾向為「慢」。

和方才談的「我執」合起來就是「我慢」。這是日本人很熟悉的詞彙，應該很容易記住吧。

不過這裡說的「我慢」，並沒有一般大家所理解的「忍耐」、「硬撐」的意涵。「我執」和「慢」都是佛教用語，在使用上通常偏向不太好的含意，請注意不要搞混囉。

如果仔細去看這個「慢」，它可以分為許多種模式，深入說明下去會沒完沒了，這裡先略過不提。大家只要知道大致分為以下三種就夠了。

認為自己比某個人優秀的「慢」。

認為自己和某個人差不多的「慢」。

認為自己比某個人差勁的「慢」。

人類自從開始群居成為社會性動物後，每個人在生活中都會經常去意識到這些事。與其說意識到這些事，或許應該說內心在無意識下受到這種思維的支配，更來得準確吧。

獨來獨往時，只要思考自己的事就行了，可一旦集結成群，他人的存在自然就會進到視線範圍內。

有沒有人的行為會危害到我的利益？

有沒有人的行為會擾亂團體的秩序？

一旦開始在意這些問題，就會不由自主地去審視他人的行為，拿他人和自己比較。於是，「慢」便於焉而生。

然後，這種心的習氣，就會成為「羨慕」、「忌妒」及「輕視」等苦澀情緒的源頭。後面我們會再進一步詳談。

○人人都難以戒除「比較心態」

或許也有些人認為，「我才不在意別人怎麼樣」或「別人的事根本無所謂」。不過，在看過「慢」的具體例子後，各位應該會發現自己多多少少都有過這樣的經驗。

走在街上，和看起來年紀相仿的人擦身而過時，是不是會下意識想，「他的外表比我有型，挺有品味的。」或者「他好邋遢喔……」不自覺就會在心裡和對方比較起來。

個子比我高，矮一點，或相差無幾。

外表富有魅力，差強人意，或跟自己差不多。

如果一個人對髮量感到自卑，就會觀察對方的頭髮是比自己更少，更多，或是不分上下。

如果一個人重視身材，就會去留意對方比自己更瘦，更胖，或是平分秋色。

由此可見，人類是一種無法克制自己在各方面去和他人比較的生物。

家裡有小孩的家長們也一樣。

「我家的小孩更可愛，也更聰明。」

「寶貝的運動神經當然比那個小孩好多了。」

大家心裡都在想同樣的事。

在同學會或婚宴上，睽違許久再次聚首的老朋友也一樣。

「所以，後來你選擇去哪裡工作？」

「○○還單身對吧？」

像這樣很想拿別人跟自己比較，甚至主動提問確認的人也不在少數。

一群企業老闆聚在一塊，就會開始試探彼此公司的規模大小和年度營業額。

一群作家和編輯聚在一塊，就免不了好奇對方至今出版書籍的總銷量。

一群 YouTuber 聚在一塊，頻道訂閱人數和影片總觀看次數就會頻頻出現在話題中。

真的是，一天二十四小時裡都充滿了「慢」。

○「慢」會引發負面情緒

說這些話的我，從前內心也充滿了「慢」。

我在學生時代練過一段時間的空手道，每次與男性擦身而過，就會在心裡猜想：「他比我強？差不多？還是比我弱？」

這個傾向在我就讀駒澤大學時特別明顯，尤其每次去學校周邊的澡堂最有感。澡堂附近就是日本體育大學，當然有不少體格健壯的運動員常出現那裡。

在大浴場洗澡時，我常會偷瞄坐在隔壁那些肌肉發達的男生，暗自忖度：「這傢伙，比我強嗎？還是比我弱？」我想那些男生八成也同樣在打量我。

這是一種「常見於格鬥家」很典型的「慢」。

人類總會像這樣，在生活中反覆拿他人和自己做比較，結果因此產生了「好羨慕喔」、「真不甘心」、「好可憐啊」、「有夠蠢」或「好慘啊」這類諸如自負、忌妒、羨慕或輕視等各種負面情緒。然後，那又會成為引發煩惱和痛苦的原因。

「慢」是一種無意識的運作機制，沒辦法根除。

不過，我們可以練習覺察自己受到「慢」支配的情況，想辦法降低它的影響。

這些方法和技巧將會在本書後面仔細說明。因此，為了讓內心日漸平靜，請大家從做得到的內容開始實踐吧。

侵蝕美好人生的三毒：貪嗔痴

「我執」和「慢」都是發自本能的情緒。

這些情緒在佛教中稱為「煩惱」。

而這些煩惱又會引發我們的負面情緒。接下來，我要說明促使這件事發生的三項要素。

如果說推動事物往良好方向發展的代表性例子是藥，那麼會把事物往不好方向推動的這三項要素，請將它們視作毒。

不，不只是毒，或許說劇毒才貼切。

佛陀賦予這三項要素的名稱分別是「貪」、「嗔」、「痴」，把它們定位在會危害人類的肉體及精神，甚至斷送人生的「三毒」。

想要順利放下苦惱，就必須理解貪嗔痴形成的機制，長時間冷靜觀察自身的內在狀態。因為要是不知道緣由，就無從有效處理。

○「欲望」、「憤怒」、「無知」是一組的

「貪」，就是指「欲望」。

「想要某個東西」、「想追求某樣事物」、「想接近喜歡的人，也希望他親近自己」等，請把這類渴望獲得某個人事物的衝動，視作一股能量。

對象可以是喜歡的人、金錢、物品、社會地位等各式各樣的東西。

如果目標對象是磁鐵的S極，自己就會使出渾身解數想變成N極——這種欲求就是「貪」。

「嗔」是「憤怒」。

與「貪」相反，「嗔」是一種「想主動遠離討厭的人事物，希望拉開彼此距離」的能量。如果對象是磁鐵的S極，自己就想變成S極；如果對象是N極，自己也想成為N極，這種心念就是「嗔」。

因為討厭，所以想要遠離。但在現實生活中，卻沒辦法說避開就避開，因而

感到憤怒。

大家只要想像一下那個情境就很容易懂吧。

「痴」意味著「無知」。

由於缺乏智慧，所以不知道該怎麼辦才好，身心都處於不穩定的狀態。或者因智慧不足而做出愚蠢行徑。請不要陷入那種心境之中。

如果用討論「貪」和「嗔」時提過的能量來比喻，「痴」就是一種迷失方向，一直在原地打轉的狀態。

三大煩惱會創造出負面循環

貪嗔痴雖然性質各異，但其實彼此密切相關。

「欲望」（貪）沒有獲得滿足，便生出「憤怒」（嗔）。

「憤怒」（嗔）升起後，又由於「無知」（痴），不知道如何讓自己恢復平靜。

「無知」（痴）的存在，使人對現實的本質和自我真實面貌缺乏了解，因此又升起了新的「欲望」（貪）。

然後，人就永無止盡地陷在這個循環裡面。

現代由於腦科學發達，已能在一定程度上用科學觀點去解釋人類的心理機制，但佛陀早在兩千五百年前，就從體感上發現這個負面循環了。

一旦出現這類情緒，心臟會七上八下直跳，也很容易勃然大怒。

如果這種狀態長期持續，不但身體會疲憊不堪，連精神狀況也會跟著變差。

結果到最後，所有事情都會開始變得不順利。

也就是說，佛陀把徹底觀察自身肉體及精神的變化所得出的答案，全都化為了實證。

置之不理，苦惱並不會自行消失，還會傷害自己的身體、精神，甚至影響人生——所以貪嗔痴才會被稱為三毒。

拿戀愛舉例，應該就很容易理解。

假設你有了喜歡的人。

你想接近她。想觸碰她。想和她交往。想和她結婚。

這些就是「欲望」（貪）。

並且，希望對方也對自己有好感，期待著對方說不定真的會喜歡上自己。

然而，這世界上大半戀情都沒有好結局。很遺憾，**「希望事情變成這樣」的欲望，只不過是你的心所創造出來、一廂情願的「妄想」罷了。**等在前方的結局經常是，對方察覺到你的心意後而刻意避開你，或者你終於鼓起勇氣告白卻遭到拒絕。

「為什麼不順利？」「事情怎麼沒有照我想的那樣發展！」這下子，內心就會升起「憤怒」（嗔）。喜歡對方的心情愈強烈，失戀造成的傷痛愈巨大，憤怒的心情也就愈強烈，這是不言而明的道理。「對方說不定也喜歡我。」「他搞不好會對我有好感……」這些念頭完全就是痴心妄想，只是自己一個人在那邊大唱獨腳戲，又陷入自怨自艾而已。可是，不知不覺間一股怒氣直衝腦門，你墜入了憤怒帶來的苦惱之中。

儘管如此，你卻不知道「一切都只是自己愚昧的妄想」。換句話說，你會因為「無知」（痴）而再次去追逐一段無望的戀情，情況嚴重者甚至會對喜歡的人做出如同跟蹤狂的行徑。

此外，也有一些人，在與所謂的渣男渣女戀愛失敗後，明明在內心斬釘截鐵地發誓「我絕對不會重蹈覆轍」，之後卻又總是跟差不多類型的人牽扯上。

坦白說，我們人類就是一群傻子。**「無知」是阻礙人類活得高明的一種毒。**

只會怪罪別人，無法擺脫痛苦

你有沒有陷入貪嗔痴的無限迴圈呢？

請把手放在自己的胸口上，好好想想。

「我沒問題。我既沒煩惱，對人生也不感到憂慮。」

如果你可以肯定地這麼說，那就算不聆聽佛陀的建議，你八成也能活得很好。說起來，你根本就不需要看這本書。

否則，這樣我簡直就像在「向釋迦牟尼說法[1]」。

不過這類人恐怕是少數吧。人總會有或大或小的煩惱。完全沒有煩惱的人，應該極為罕見。

因此，我們必須學習能讓自己活得開心自在的智慧。

前面也說過好幾次，煩惱產生的原因在於自己。

要客觀、如實地觀看自己。這就是智慧。

只要沒意識到自己的心受「我執」或「慢」所困，其實等於是一直戴著有色眼鏡在看自己，煩惱就不會有消失的一天。

如果面對任何事物時，都只看自己想看的，認為事情會按照自己期望的方式發生，在這種前提下待人處事，自然會導致各種失敗挫折，不斷累積痛苦、煩憂

及壓力。

然後又把「問題出在自己身上」這件事擺到一邊（沒意識到這項事實），將責任全推給別人，認為「都是那傢伙害的」，一味批評、責難他人。

情況惡化到極點時，也可能失手殺人或衝動自殺。

人類，就是會做出這種極端行為的愚蠢生物。

正因如此，為了避免事情發展到那種地步，為了活得更高明，我們要培養智慧。了解人類的心理機制，並學會如何掌控自己的情緒。

完善統整那些方法所建立起的體系，就是佛陀的教誨，換言之就是佛教。

接下來，第二章到第四章將分成欲望、憤怒、無知這幾大類，逐步深入剖析負面情緒的不同樣貌。在學習各種負面情緒應對法之前，請先記住這個大前提。

1 「釈迦に説法」是日本的諺語，意思相當於中文的「關公面前耍大刀」。

只要跨越
「自己這道牆」，
就能擺脫一切煩憂

我們究竟是從什麼時候開始有煩惱，又是何時開始感到痛苦的呢？「是長大成人，開始體認到社會現實有所謂不公不義的那一刻嗎？」不，我們應該在更早的階段就開始面對痛苦了。我認為是在四歲，比較早的孩子可能三歲左右開始吧。

我觀察福嚴寺境內幼稚園的孩子們時，對這一點的感受更深刻。人從很小的時候開始，就會對各種事情產生「為什麼？」的疑問，學會說話後，煩憂和苦惱也隨之產生了。

我一直再三強調，人生從出生到死亡就是一連串的痛苦組成。正因如此，苦惱是我們必須一輩子打交道的對象。

一遇上不順心的事，就想氣憤大罵「都是那傢伙的錯！」、「這社會爛透了！」或「是〇〇害的！」，這也是人之常情。

只不過，**若是你真的希望能稍稍從人生的各種痛苦中解脫，就不能老是把過錯怪到別人頭上。**

「那麼，為什麼我會產生痛苦的感受呢？」

如果你是真心誠意地想放下痛苦，就必須認真思考痛苦——佛陀便是賭上一生去做了這件事。

◎捨棄痛苦的提示，就在電視購物頻道中

我們一直帶著內心的痛苦過日子，儘管如此，卻沒人會真的付諸行動，不惜向公司或學校請假，下定決心說：「今天就來專心思考痛苦吧。」

可是，佛陀真的那麼做了。

他拋下人生的一切，打算徹底凝視心中的痛苦——這就是所謂的「出家」，佛陀抱著極大的決心實踐了這件事。

然後，他在透徹思考後，終於領悟了四個真理。

佛陀發現的是四諦八正道。

四諦指的是由「苦」、「集」、「滅」、「道」組成的四個神聖真理。

「苦」，如同字面所示，就是我們的痛苦。
「集」，是痛苦生成的各種因素和機制。
「滅」，是了解痛苦產生的原因，並逐步減少它。
「道」，是能放下痛苦的方法。

關於四諦，用電視購物頻道的銷售話術來示範，應該就相當好懂。
「各位，打掃家裡是不是很辛苦呢？」（苦）
「要做家事，要照顧小孩，還要工作，每天都忙得團團轉對不對？」（集）
「忙不過來時，如果打掃工作會自動完成，是不是輕鬆多了呢？」（滅）
「所以我想介紹這台〇〇〇給大家！」（道）
這個電視購物頻道的論點，簡直按照順序一次完美展現了四諦。

活著就會有痛苦。
痛苦必有其原因。

只要知道痛苦生成的原因，就能一項項消除那些因素。

有方法可以消除痛苦。

佛陀為了引起世人的興趣，刻意用這個順序來闡述。

順帶說明，「道」有八種，所以稱為八正道，但這部分稍嫌複雜，這裡先略過不提。

簡單來說，八正道就是在揭示生活中應該注意的「八種心態」[2]。

◎佛陀透過冥想得出的結論

人人都排斥受苦，誰都不想過著充滿煩惱的生活吧。

不過，讓我們痛苦的，並不是公司的主管，不是家人，不是戀人，也不是朋友。你自己心中的妄念才是原因。

那麼，為了捨棄痛苦，具體來說該怎麼做才好呢？

首先，你必須徹底看清楚自己的內心。

如果你一直向外尋找引發痛苦的原因，就會完全看不見痛苦「為什麼會發生」，以及「是如何發生的」。

如同我前面所說，創造痛苦的原因不在自身之外，而在於自身之中。為了拋下痛苦，人必須直面自己的內在，也就是正視自己的心，那裡矗立著一道又一道名為妄念、成見、貪嗔痴等的「心牆」，阻礙我們脫離苦海。

只要能跨越「自己心中那道牆」，就能放下煩惱及痛苦，生活在更平靜祥和的美好狀態。

在佛教中，把注意力集中在自己的心，稱為「冥想」。

大家一聽到冥想，或許會以為必須做一些特別的事，其實不用想得太困難。關於冥想，我們還會在第五章詳細說明。簡單來說，它就是一種集中力，關

2 八正道，指正見、正思惟、正語、正業、正命、正精進、正念和正定。在不同的經典裡，有幾個名詞有出入，但正見、正念、正定、正思惟、正語和正業是一定有的。

鍵在於如何運用那股能量。

說得極端點，一個人在搶劫銀行、詐騙他人或圖謀不軌時，冥想的力量也在運作，這是能量朝「惡的方向」集中的狀態。而把這股能量「運用在自我提升，徹底向善」，即是佛教中的修行。

佛陀正是透過冥想觀察自己的內心，發現了其中的真理。

當我們能徹底了解痛苦生成的原因，看清楚刻畫在自己心中的那些運行軌道，一定就可以慢慢減少痛苦——這就是佛陀透過修行所獲得的結論。

第2章

跨越「憤怒」這道牆

人生路上，幾乎所有事都不會照你期望的方向走。
如果總是「愈想愈討厭」，只會害到自己。

對他人感到氣憤煩躁，是因為「不小心擅自期待了」

◎辨別「必要的憤怒」和「不必要的憤怒」

「大愚和尚，如果有一個陌生人無緣無故揍你，你會怎麼辦？你是僧人，這時候有辦法冷靜應對、不發脾氣嗎？」

經常有人問我這種問題。

「跟他打啊。他要是揍我一拳，我就加倍奉還。」我通常這麼回答。

「什麼！」大家聽到這回答都會嚇一大跳。

這當然是玩笑話，但生物在遭受攻擊時，理所當然的反應就是「戰」或「逃」。畢竟在自然界中，要是接受了一味挨打的局面，就意味著死亡。

「憤怒」是大腦判斷別人用某種方式「攻擊自己」或「傷害自己的身心」時所出現的情緒。這是所有生物都具備的一種情感，為了存活，不可或缺。

但在現代社會裡，眼前突然冒出一個敵人，例如出現一頭獅子或老虎，像這樣會威脅到自身性命的機率並不高（很遺憾，最近由於社會問題多，沒辦法保證絕對不會發生本篇開頭的那種例子）。

然而，我們在日常生活中卻常常感到焦躁與憤怒。那是因為，「獅子」就藏在自己心中。心裡那些不斷滋生的「妄念」，使我們一直在和看不見的敵人戰鬥著。

「家人的態度讓我很不爽。」
「情人和朋友背叛我。」
「主管說話不講理。」
「我喜歡的藝人外遇了。」

憤怒的情緒會在各種情況下湧現，但這些憤怒並不是源於自身性命受到威脅，對吧？換句話說，其實是一種不必要的憤怒。

◎創造憤怒的並非他人，而是「自己的心」

遭到情人和朋友背叛時的那種憤怒，其實並不是「背叛的那傢伙」引發的。而是因為自己一心相信對方卻遭到背叛，感覺蒙受了損失和傷害，自己讓憤怒在心中升起的。

聽到「喜歡的藝人外遇了」，為此不開心也是一樣的道理。明明從不曾直接和本人見面，也沒說過話，卻在心中擅自創造出一個美好的幻想，認定「那個人清純又認真」。當那份期待破滅，就會覺得自己受了傷，彷彿被惡意攻擊，憤怒才湧上心頭。

你會認為自己遭到了背叛或蒙受損失，是因為你擅自認定那個人不會背叛你，也不會讓你受到傷害，這是一種妄想。

「事情應該要這樣才對。」包含在這個想法中的自身價值觀、過往的記憶、擅自認定的事、感受到的一切、思考過的一切，以及心裡的期待，全部都遭到了否定——這才是人類心裡那股憤怒的真面目。

我們既然是生物，就不可能徹底捨去憤怒，況且如同前面所說，有一種「必要的憤怒」是生存本能。只是，**人一旦被這份「源自妄想的憤怒」所支配，身心就難逃生病的一天。**

因此，我們必須訓練自己的心，避免被不必要的憤怒牽著鼻子走。

人生路上，事與願違是理所當然的

憤怒，就像是你的心中發生了火災。要是置之不理，熊熊烈火就會愈燒愈旺，最後變得難以撲滅。

關鍵在於，防止火災發生的預防措施，以及萬一起火後要迅速在初期滅火。

以下有兩個大前提，請各位銘記於心：

「人生路上，幾乎所有事都不會照自己期望的那樣發生。」

「別人不會符合我的期待。」

這是最有效的預防措施，這兩個提醒可以讓你遇事不再升起不必要的憤怒。

「家人、朋友、情人、同事或下屬，應該要了解我的想法才對。」

「我竭盡全力了，理應獲得相應的回報。」

不要對他人抱持諸如此類的自私期待。

因為當你的期待落空，心中便會產生「為什麼事情都不如我意！」的失望之情，然後就會轉為憤怒。

我絕不是在建議大家採取負面思考，只是我發現近年愈來愈多人過度追求理想化，在生活中只看世界的光明面。

但人生可沒那麼容易。

我的意思是，要避免陷入那種過於樂觀的思考模式，不管遇到任何事，都只用自己想要的方式去解讀。

儘管如此，我們畢竟是人類，生活難免還是會遇到火冒三丈的瞬間。當怒火湧上心頭，最重要的是趁火勢還小時，趕快撲滅它。

一場火災如果缺乏氧氣或乾燥的易燃物，火勢就不會蔓延。不需要多久，火就會滅了。憤怒也是一樣，即使一瞬間轟地起火燃燒，只要不持續投入「燃料」，就不會繼續燒下去。

所以，我們要幫自己打造那樣的環境。

如果對象是物品，就遠離它。
如果對象是人，就離開現場。

這是最好的方法。

○關鍵在於不添加憤怒燃料

例如有對夫婦意見不合，發生了口角。兩人都在氣頭上，一步也不肯退讓。如果在這種時候反唇相譏、大聲互嗆，那些話就會變成憤怒的燃料。

一開始可能只是因為「沒把今天要洗的衣服放進洗衣籃」這種小事，但如果有一方忍不住順口說出「這樣說起來，你上次丟垃圾時也搞錯了」，或是「我早就想說了，你洗碗都洗得太隨便了吧」這類和當天那件事無關的酸言酸語，就是在不斷投進燃料。原本小火燒一下就會自動熄滅，最後卻蔓延成一場大火災。

情況一旦變成這樣，兩人的目的就會轉為一心想吵贏，或設法逼對方認錯。彼此為了打敗對方而尋找各種吵架素材，拚命朝憤怒之火添柴加油，陷入惡性循環。這種爭執根本毫無意義。

在這種時候，重要的是要去察覺到「我陷入了主動添柴加油的狀態」。

一旦察覺到了，就請先暫時離開現場吧。

「想逃？」就算對方這麼挑釁，你也不要理會，克制住想回嘴的衝動，請務必頭也不回地盡快離開。

等移動到一個沒有對方的地點後，冷靜下來深呼吸。這麼一來，你就能重新找回理智，彷彿剛才怒不可遏的情緒不曾發生過一樣。

對方的心情也會有同樣的變化。

只要不添加燃料，憤怒之火就會平息。

透過「單純的勞動」讓心與身體分開

除了深呼吸以外，活動身體也很有效果，我特別推薦「打掃」。

就算離開了惹怒自己的對象，要是一個人窩在房間發呆，很容易就會浮現「等一下，怎麼想都不是我的問題啊！」之類的念頭，又不由自主地開始添加燃料，對吧？

但對方此刻又不在眼前，這完全就是自己在心裡上演小劇場。

為避免落入這種情況，可以嘗試把注意力轉移到清掃家裡地板或書桌角落的灰塵，或徹底將衣櫃的衣物好好收納整理一番，將精神放在打掃跟整理，輕快地活動一下身體。

這樣一來，心和身體就會分離開來，沒有多餘思緒去想煩心事，心情便能逐漸平穩緩和。

而且房間也變整潔了，可謂是一石二鳥。

如果你正在工作，建議做些不太需要動腦的例行公事。

還有，水也能幫助內心冷靜下來。用手去觸碰流動的水，或者泡在暖和的熱水裡，也不失為轉換心情的好方法。

有些人認為生氣是壞事，會告誡自己「不能生氣」，總是拚命壓抑怒氣，但這樣做就像是在火都點燃了的狀態下祈禱「別燒起來！」，老實說並沒有效果。

如同一開始說的，憤怒是一種本能，是沒辦法消除的。

比起一味壓抑，謹記預防措施與盡早滅火的原則，更能為自己和他人帶來雙贏的結果。

家人也好，伴侶也好，朋友、同事、主管或下屬也好，甚至是崇拜的藝人，不管對方是誰，都不可能完美符合你的期待或理想。

當憤怒升起時，請退後一步，練習覺察出「原因出在於自己的妄念」或「是自己不小心擅自期待了」。

萬一和對方吵架了，不要繼續添柴加油使怒火進一步延燒，應該盡快離開現場，讓心情冷靜下來。

這些方法，就是讓內心不受憤怒擺布的祕訣。

你有沒有在想像中
把討厭的對象「變大」了？

○憤怒會使你「把對方視作怪物」，催生出憎惡及怨恨

一旦「憤怒」情緒在妄念的推波助瀾下愈燒愈烈，就會轉變為「憎惡」及「怨恨」。

「說什麼都沒用，光是這個人的存在就令人難以忍受！」不喜歡、討厭一個人到了這種程度，這樣的情緒就是「憎惡」。而因對方的行為遭受某種損失或不利時，湧上心頭的情緒就可以稱為「怨恨」吧。

如同先前所述，憤怒不是一種會長時間持續的情緒。只要停止添加燃料，自然就會平息，甚至可能會不解地想：「我剛才怎麼會氣成那樣……」可以說，這是「時間能解決」的問題。

不過，憎惡和怨恨就不同了。

如果一直對憎惡、怨恨這些情緒加油添柴，火勢就會一發不可收拾，擴大成

一場就算自己想滅火也撲滅不了的大火災。

一旦到了這種地步，就會造成足以損壞身心的巨大傷害。此外，如果情緒以扭曲的方式向外界宣洩，便有可能轉變為霸凌、騷擾、跟蹤等各種會危害到他人的情況。

憎惡與怨恨，就像是任由憤怒朝不當方向發展而形成的巨大怪物。因此，就算是微小的火種，也不該置之不理。請將其視作內心警鈴大作的徵兆，正在提醒你：「危險！」

◎「愈想愈討厭」只會害到自己

由於憤怒是一種生物在本能上具備的情緒反應，在某些狀況下是不可或缺，也無從消滅。

可是，憎惡和怨恨不一樣。

這兩種情緒對人類存活是完全沒必要的，抱持這些情緒完全沒有好處，如果心裡老是懷著討厭某種東西的情緒，只會對自身有害。

比方說，發生了討厭的事，你很生氣。

這件事本身是無可奈何的。可是，對於那件「討厭的事」，你有沒有不斷往上疊加討厭的理由呢？

又或者是，公司裡有個人跟你就是不對盤。一開始可能只是覺得「他給人感覺有點差」，但後來漸漸把「他好像只對我特別冷淡」、「錯身而過時，他好像別開眼了」等這些想法全部連在一起，日復一日，你不斷在心裡對「討厭這個人的感覺」餵養負能量，使其持續壯大。

你是否曾像這樣，毫無節制地發揮自己的想像力，「把討厭變大」了呢？

我們是人，難免有好惡。

但也不能因為這樣，就任由這股怨恨對方的情緒在心中扎根茁壯。

因為在你內心所創造出來的各種想像，就是滋養「討厭」這種情緒的最佳肥料。

而那些想像只會在你的心中不斷膨脹，對方卻根本一無所知。因此心懷怨恨完全無法改變任何事。

相反地，從你身上散發出來的負面能量，可能會使周遭的人開始閃避你，減少和你來往的機會。

憎惡與怨恨，是一種「憤怒的情緒遲遲沒有消失、一直滯留在心裡，最後導致發炎化膿」的狀態，如同癌細胞般形成一塊心頭上的疙瘩。換句話說，這就像是放任內心增生惡性息肉一樣。

不用說，這肯定對健康有害。

無論我們心裡覺得多麼「不可饒恕」，但是要由對方主動體察到我們的情緒並做出改變，這種事發生的機率應該很低吧。

因為是自己擅自創造出來的想像，只能自己想辦法處理。

內心不斷增生的惡性息肉，其他人沒辦法幫忙切除。

○用「善念」改寫自己的心

不讓心受制於憎惡和怨恨的關鍵在於，把「事實」和「想像」確實區分開來思考。

我們必須理解，憎惡和怨恨對自己來說是一種不必要的情緒，並且必須設法戰勝它們。

當然，這股情緒不會因為理解就輕易消散。

既然都化為憎惡了，肯定是深植心中，難纏得很。

那麼，我們該怎麼做才能收復被惡念占據的心呢？

用善念去改寫自己的心，讓它逐漸升級——就這麼簡單。

詳細內容會在第五章再向大家說明，關鍵在於培養名為「善心所」的良善心念，以徹底治本的方式撫平憤怒的心。

至於怨恨也一樣。許多人帶著親子關係中的虐待經歷來找我諮詢，其中有不少人即便父母已經過世，仍會語帶埋怨地說：「我至今都沒辦法原諒他。」

父母也是人，自然會有笨拙、愚昧的時刻。有時候，如果把注意力轉向背後的事件——「他為什麼變成一個會虐待小孩的人？」心裡可能就會多出那麼一點空間去同情父母的成長背景，以及理解他們不順遂的人生際遇。不過，受虐的一方**終究只能拿出理性，如實地接受事實，把充斥心中的「惡心所」逐一改寫而已。**

即使渴望獲得對方的道歉，但希望給出道歉的那個人早已不在世界上時……

「請去對方的墓前，把你心中所有的感受和想法全部宣洩出來。」

我經常這麼建議，但其實地點無論是墳墓、佛壇或牌位前都可以，試著說出每一件記掛在你心中的事情吧。透過這樣的方式，把自己的感受化為文字說出口，就能客觀地看見自己的感受，促使理智開始運轉進行思考。

有受虐經歷的人更容易會認為「自己要是有一對健全的父母，今天就不會長成這個樣子」，然後在心中幻想出理想的父母形象。

可是說到底，每個人在成長過程中，或多或少都會對父母有一些不滿吧。而且，我認為要等到自己成為父母後，才能深切體會到，「為人父母原來這麼辛苦……」

無論如何，絕對不能正當化內心的憎惡和怨恨。

我憑藉自身經驗也敢肯定地向各位保證，這樣做絕對不會有好結果。請大家銘記在心，這些情緒最後只會讓自己深受其害。

一個人在憎惡他人、怨恨他人時，絕對沒辦法感受到幸福。如果有人說，「我雖然憎惡那個人，但內心平穩幸福。」這種事是百分之百不可能發生的。

停止用無意義的
「好惡」評斷一切

○你是否正執著於不必要的「嫌惡」？

「嫌惡」這種情緒和「憎惡、怨恨」一樣，也存在於憤怒的延長線上。是一種想趕走、排斥或遠離某個對象的情緒。

而嫌惡也分成「無法避免的」和「應該避開的」，「需要放下的」以及「一時之間放不下的」。

比方說，你眼前突然出現了蛇和蜈蚣。

少數熱愛爬蟲類、喜歡昆蟲的人可能會很高興，但大多數人都會受到驚嚇，立刻冒出「啊啊，好討厭喔」的想法才對。瞬間產生一種「好噁心、完全不想靠過去」的排斥心理。

這種嫌惡就屬於必要的。畢竟有些蛇或蜈蚣有毒，從面對外敵保護自己的層面來看，這種感覺是正確的。人類的大腦裡有個名為杏仁核的部位，具備感知功能，可以察覺到這種危險訊號。由於這是關乎生存保命的本能，就不能單靠意識刻意消除、放下它。

不過，**除此之外的嫌惡，特別是針對他人的嫌惡，最好都立刻捨棄。**

這種嫌惡並不是生理性的感覺，而是因為人類轉變成社會性動物，大腦不斷發展才產生的。抱持嫌惡的情緒過日子，對你完全沒有任何好處，只會讓你的心感到沉重。

「那傢伙真是討人厭。」

「我和那個人的價值觀完全不合。」

「那個外國人也太沒常識了。」

也許你會有這種想法，但別讓那份嫌惡在心裡像雪球般越滾越大了。

每個人的性格都不一樣，價值觀自然也是因人而異。

異國文化和日本文化不一樣，有不同價值觀也是理所當然的，而且隨著角色或立場不同，思考方式也會各有不同，譬如男性和女性、相同年紀和不同世代等差異，都會造成影響。

你的價值觀和常識並不是唯一的正確答案。去好好體認一下這件事吧。不能總想把自己的標準強加在他人身上，而且對方也不會因為你這樣做就輕易改變。

無論對方是父母、兄弟姊妹、老師、朋友、戀人、學長姐、學弟妹、同事、上司、下屬、名人、媒體等，可以說結果都一樣。

「他跟我不一樣」、「他跟我合不來」，用這些理由下好惡判斷，沒有任何意義，反倒只是不斷往自己心上增添名為「嫌惡」的重擔。**只要認知到「在這件事情上，那個人跟我立場不同」這項事實就好了，不需要再去評斷自己是喜歡還是討厭。**

◎增加「喜歡」，減少「討厭」，人生就會變輕鬆

請各位培養一個習慣：每當內心浮現「這傢伙真討人厭」的嫌惡感時，就先去思考這個情緒是有必要存在的嗎？還是不必要的？

如果嫌惡的對象會危害人身安全，就可以把那種情緒視為合理、正確的。

相對地，**如果引發嫌惡感的那個人，根本不會危及你的性命或生活安危，這股情緒就該被當作只是個人的偏見和妄想**。

我們每個人的標準都不一樣，因為這是在成長過程中被社會環境灌輸各種觀念而形塑出來的，當然各有不同。所以，請各位要秉持這樣的態度——不能拿自己的「個人標準」去要求別人。

當你付出努力去辨識必要的嫌惡及不必要的嫌惡後，漸漸就會培養出觀察力。然後，有時候你就會因此看見，原本排斥的對象截然不同的另一面。

「我之前一直不喜歡他，沒想到他也有優點嘛。出乎意料是個有趣的傢伙。」

如果有一天能達到這種心境，那就太值得慶賀了。這是成功將負面情緒轉化為正面情緒的證據。

光是一味排除討厭的人事物，世界並不會因此變開闊，內心也依然置身苦

境。比起這種做法，不如試著去接受、包容，並拓展各種可能性，才更有可能讓你的心變輕鬆。

你曾有過這種經驗嗎？初次見到某個人時，第一印象覺得「這人好冷漠，有點怕他耶」，實際攀談後卻發現對方是個大好人。

我想每個人一定都遇過這種事。

請牢記當時的感覺。

討厭的人，或許正是你的貴人

我開始學空手道那陣子，道場有位前輩M先生，我實在不知道該如何跟他相處。說不知道如何相處是客氣了……老實說，我超討厭他的。

道場裡的前輩年紀都比我大，經驗比我豐富，實力又堅強，我這個菜鳥自然是不可能贏得了。當然，每次實戰練習時，各位前輩都會手下留情。

可是，這位M先生完全不放水。畢竟只是實戰練習，他雖然不至於痛扁我一頓，卻老是把我打得落花流水。

「我還是一個初學者，他下手不該這麼狠吧……」

「只有M，我絕對不饒恕他。」

我總是這樣想。

後來韶光荏苒，我退出競賽場前的最後一場全國大賽即將來臨。

沒想到，我一確定會參加全國大賽，M先生就寄來了一個厚厚的信封，裡面夾有大量的紙張。我瀏覽後吃了一驚。那些紙上居然密密麻麻親手寫著我在各種技術上的習慣和優缺點。

不光如此，他還配上插圖，針對比賽打法跟節奏分配等方面給我詳細建議。

M先生把我過去所有比賽的影像紀錄重新看一遍，仔細研究分析過了。

這件事真的太讓我訝異了。我一直以為他討厭我，每次都惡整我……

現在的我，非常感謝M先生。

同時，每次想起這件事，我就會深切感受到不必要的嫌惡是多麼沒有意義。

再說一次，即便是自己討厭的人，如果能冷靜觀察，有時候也會看見對方不同的面向。

你就會發現那些嫌惡的感覺，其實是心中的偏見所帶來的。

想清這點後，一個全新的世界將會在你眼前展開。

請各位務必以那個新世界為目標。

把不必要的嫌惡當作行動的動力，是沒辦法在真正意義上獲得幸福的。只有徹底放下，才能讓你過上幸福充實的人生。

忌妒別人，
是對自己最大的折磨

○「忌妒」是對他人的強烈憤怒

「我喜歡的人和別人在一起了。」
「在職場上，只有年輕漂亮的同事會被追捧。」
「朋友在社群媒體上的好多發文看起來都好開心。」

我們多多少少都會像這樣，因為別人而湧現出「好羨慕」、「太讓人眼紅了」這類忌妒的情緒，對吧？

大家可能會感到意外，但**在佛教中，忌妒被歸類在「憤怒」這一類**。

嘴巴上說著「真好呀……」羨慕對方，內心卻因他人過得幸福而感受到強烈怒意。

那究竟是怎麼一回事呢？

想把喜歡的那個人變成自己的伴侶。

想被別人喜歡，想得到更好的對待。
想過上比別人更充實、更愉快的生活。
這就是渴望靠近某種東西，渴望得到某種東西的「貪」（欲望）在作祟。
當有好感的對象或工作夥伴對另一個人表現出關心和喜歡，或者看見朋友、熟人的生活過得比自己開心，內心就會不由自主湧現一股「怎麼可以這樣！」的怒氣。

除了憤怒，還有不安、憎惡等各種情緒糾纏在一起，也稱得上是「忌妒」的一大特徵吧。
人一旦遇上跟愛情有關的事，就有可能產生「明明喜歡卻覺得很討厭」或「明明討厭卻又很喜歡」這種說不明道不清的感覺，對吧？
這是一種混雜很多不同情緒的狀態，因此內心可說是處於混亂風暴之中。即使是一個具備理性和邏輯思考能力的成人，也可能因忌妒而失控，忍不住責罵對方，甚至有時候還會攻擊他人，造成對方身體或心理的傷害。忌妒，真的是一種很難對付的負面情緒。

會汙染內心的各種毒中，有些輕易就能遏止其毒性，有些要解毒卻非常困難，而處理方法也是形形色色。

其中，忌妒就是難度最高的一種。

就連佛教都認為，這是相當棘手的情緒。

◯「本能上的忌妒」與「社會性的忌妒」

正因忌妒的組成不單純，有時會讓人不禁感嘆：「人類真的很有意思耶。」

「你現在在做什麼？」

「你剛才去哪裡？」

「給我看你的通話紀錄。」

就算是男女朋友，如果每天一直被這樣查勤，肯定會覺得「真是夠了」而心生厭煩吧。

不過，如果換個情境，你整晚不見蹤影也沒消沒息，直到早上才回來，還老實向另一半說，「我跟公司的年輕同事去喝酒了。」

這種時候，要是對方只是冷淡地應了一聲，「喔，這樣啊。」你會有什麼感覺呢？

如果對方完全不忌妒不關心，心裡就會開始感到些許落寞，忍不住懷疑：「他是不是根本不愛我？」

內心希望另一半吃點小醋，但要是對方打翻醋罈子，又會感到無比厭煩。

這說不定是人類獨有的一種麻煩情緒呢。

忌妒也區分成「可以放下的忌妒」，和「難以放下的忌妒」。

如果發現伴侶出軌，產生「我不想失去這個人、不想被別人搶走」的念頭，屬於動物的本能，這時候的忌妒是人之常情。

然而，**對人類來說難以應付的忌妒，大多情況和這類與生俱來的本能無關。**

「那傢伙跟我同年進公司，卻比我早升遷。」

「朋友的生活看起來比我更充實愉快。」

「隔壁鄰居有好多台昂貴的汽車。」

這些情緒並非動物性本能的忌妒，而是因為在成長過程及生活經驗裡吸收了各種資訊與知識才產生的忌妒。

「過上這種生活，就是成功人士的證明」、「一個更理想的人生」，這些都是社會上的價值觀，是被外界灌輸的觀念，也可以稱為一種錯覺吧。

簡單來說，這種忌妒是透過比較自己和他人後得出的評價，正因為人類是社會性動物，才會產生這種情緒。

◎忌妒的反面是喜悅

「我討厭自己會下意識去和別人比較，然後忌妒他人。」

現代社會中，在社群媒體平台幾乎就可以把所有人的生活和一舉一動看得一清二楚，導致許多人產生不必要的忌妒情緒。

其實忌妒的解法極為簡單。

「看見別人開心，你就一同為他感到高興。」

這樣做最有效。

只是，人難免都會有競爭心理，常常一不小心就會忌妒起別人，所以要馬上做到大概並非易事。

比方說，我們在看奧運時，會大喊「加油！」來聲援體育選手，對吧？選手明明是完全不認識的人，但如果他拿下金牌，大家都會大聲歡呼，「太棒了——！」為選手的出色表現歡欣不已。

在佛教中，「忌妒」的反義詞就是「喜悅」。佛陀也曾說，「請諸位練習，像看待自己的事一樣，真心為他人感到高興。」

忌妒是一種憤怒，一種毒。如果一直懷著忌妒的情緒，心會逐漸遭到腐蝕。面對完全不認識的人，或者程度遠高出自己、完全比不上的人，通常能坦率地為他們感到高興。但對方要是認識的親友同事，或者（你認為）程度與自己差不多的人，就會忍不住產生忌妒。

在看棒球界的大谷翔平選手、高爾夫球界的松山英樹選手，或者是活躍於全球的藝人時，幾乎沒人會產生「我好忌妒他！」的念頭吧。不過，對象一旦換成自己的隊友、同事或朋友，就會不由自主地感到忌妒，沒辦法坦然為對方的成功感到高興。

正因如此，我們必須有意識地練習喜悅。

◎能為他人的成功感到高興，自己也會收穫幸福

職業高爾夫球選手老虎．伍茲，在同場競技的對手擊球時，也會大喊：「進洞！」主動聲援對方。

一般人通常會因為自己想贏而祈禱對方「不要進球」，這樣才合理吧。然而，就算擊球的是對手，他也拒絕讓大腦描繪出對方沒進洞的畫面。因為這對他自己來說，也會變成負面的意象訓練，所以他總是理所當然地祈禱他人成功，也為他人的成功真心感到喜悅。

憑著這個習慣，每當輪到他自己上場擊球時，就更容易想像出成功的畫面，而非失敗的身影，最終創造出一個良好的正向循環。

一旦明瞭這個原理後，大家應該就能明白「為他人的成功感到喜悅」的意義何在了吧。

在我的親身經驗中，也有個小故事想跟大家分享。

我身為僧人，同時也是一位空手道家。在我修練的那間道場裡，有一位後輩Y花了十六年才取得黑帶。

取得黑帶需要的時間，每個流派不盡相同，我所屬的派別通常八到十年左右就能取得，因此他可說是花了相當久的時間。

說到Y，他就是那種會以其他比賽的夥伴為優先，耐心陪他們進行打靶訓練和暖身，甚至會練到忘記自己幾時該出場比賽的大好人。

後來，同年開始練習的夥伴和後輩的實力陸續一個個追過Y，他也沒有因此感到忌妒，反而是真心為同伴的成功感到高興。

儘管他不曾在大賽中拿下佳績，但道場裡的每個人都有相似的想法，「真希望讓Y取得黑帶。」「如果Y不是黑帶，那誰有資格拿黑帶呢？」

話雖如此，黑帶的升段考試並不會因此酌情放水，Y每次對戰時仍舊贏不過前輩們，一次又一次被擊倒。

但他並沒有因此氣餒，在第十六年的那場升段考試中，他依然保持鬥志，奮戰不懈直到最後一刻。

從小遭到霸凌的Y，因為渴望變強才踏進空手道道場，歷經漫長歲月，終於獲得了黑帶。

堅持多年，這一刻他忍不住喜極而泣，道場夥伴也都由衷替他感到開心。**儘管Y鮮少贏得比賽，實力也被一大票後輩超車，但他一直是個真心為他人的成功感到高興的人。**

我想正是因為如此，周遭每個人才會都這麼喜歡他，打從心底為他加油。

◎認清「那是我真正想要的東西嗎？」

「要為他人的成功感到高興，說起來容易，做起來卻很困難……」這麼想的人，下面我就要告訴你們其他處理方式。

第一個是，建立不需要彼此競爭的人際關係。

跳脫平時生活圈所偶遇的人，或者是工作、生活屬性不同的人，譬如年齡差距大的朋友，或者在工作領域完全不相關的同學，就不太會相互比較、競爭，可以用平和的心情與對方往來，對吧？

我們難免會對某個人產生了「真羨慕……」的念頭，這本身並不是一件壞事。重要的是，別被隨後衍生的「為什麼每次都是他！」、「明明我的表現更……」這類負面情緒吞沒。

「真羨慕……不過，我也會按照自己的步調好好努力！」只要能像這樣把對方和自己切割開來，轉而專注在自身，受困於情緒折磨的次數應該就會逐漸減少。

另一方面，**每當你心裡又開始想：「真羨慕……」這時問問自己，「那真的是我想要的東西嗎？」也不失為一種好辦法。**

比方說，每天都有很多朋友相約去開心聚餐、玩耍的人，或是生活充滿各種昂貴品牌精品的人，他們是否受到「交遊廣闊的人很厲害」或「擁有昂貴品牌精品是成功的證明」這些社會價值觀所捆綁了呢？

靜下心仔細想想，說不定你喜歡的其實是一個人安靜過日子，也說不定比起價格不菲的品牌精品，你更喜歡去尋找自己真正喜愛的物品。

直視自己的心，好好思索：「我真正重視的是什麼？」你應該會發現一直以來折磨人的忌妒情緒，其實只是一種「錯覺」。

人生要不後悔，
訣竅是「早點自掘墳墓」

◯「對自己的強烈憤怒」會引發後悔

「早知道當時應該這樣做的。」

「我為什麼會做出那種事？早知道就不要做。」

有時候我們會像這樣回想過去發生的事，鑽牛角尖搞得自己心情低落。那之中存在著兩種「後悔」，**一種是因為自己做過的事而「後悔」，另一種是因為自己沒做的事而「後悔」，但根源都出於對自己的「怒氣」**。

因此，後悔也屬於「嗔」，是一種憤怒的情緒。

後悔，是因為我們具備記憶力，記得過去發生的一切事情，才會產生的情緒，是人類特有的感受。人類以外的動物，大概都不會感到後悔才對。

我觀察過我們寺裡養的狗和山羊，實在不認為牠們會想著「幾年前那次失敗讓我很後悔」這種事。

人類的大腦運作高度發達，有能力去想像各種情況和可能性，進而產生「當時要是那麼做，現在說不定結局就不同了」的念頭。於是，後悔就出現了。

可是，理所當然的，不管你有多後悔，都沒辦法改變過去。我們擁有的永遠只有「現在」，只能去做現在可以做得到的事。

如果後悔的念頭一直縈繞不去，會導致人的判斷力下降，工作表現變差。**太過執著於沒必要思考的過去，有可能會給現在帶來不良影響。**

如果一直因工作上的失敗懊惱不已，一直糾結在「我怎麼會那樣做？」的後悔情緒，不僅處理下一件工作的效率會變差，生產力也會降低。

「下次多注意一點，小心別再出錯。」像這樣調整好心態，不再糾結無法改變的過去，然後就全心全意處理眼前的工作吧。

一件工作失敗了，只要在下一件工作挽回就好。老是惦記過去，不僅會影響到下一件工作的品質，還可能使身心出狀況。

○「後悔」是心的自殘行為

「可以反省，但不能後悔。那沒有任何意義。」

佛陀曾對後悔這種情緒提出極為嚴正的警告。

「當時有這樣做就好了……」「如果沒做那件事就好了。」這些後悔情緒等同於是自己拿著刀往內心的傷口刺下去。是特地、主動、再次去品嚐過去煎熬的心情。

請把「一再對同一次失敗感到懊悔」，視作一遍遍拿著刀用力捅向自己的行徑。

就算心情暫時平復，一年、兩年後又再次想起……如果一直重複這種行為，就會變得滿身是傷，內心充斥各種陰影。

說起來，這是「心的自殘行為」，等於是自己在折磨自己。

我們難免會冒出後悔的念頭，但不要耽溺在懊惱中，要冷靜分析自己當時那樣做（或沒有那樣做）的原因，把那個經驗轉化成未來的養分。面對不順心的失敗或挫折，抱持這種心態很重要。

這就不是後悔，而是在「反省」，是佛陀也推薦的做法。

如果是刻意去享受後悔的感覺，那倒可以。

「那時候我真是個小鬼。為什麼會做那種事呢？年輕真是太恐怖了。」

若是你可以在自己心裡或他人面前，像這樣把事情當作玩笑話說出來，就表示你能客觀看待自己的情緒和過去的言行。也就是說，當你能把「黑歷史」轉變成愉快的談笑素材時，再次想起也不會讓內心受創了。

重要的是，我們如何詮釋過去發生的事。要從什麼角度思考，該怎麼在自己內心慢慢消化掉那些懊惱和不愉快，才是最重要的。

◎痛苦不會因為「怪罪別人」就消失

人要有自覺，所有事都是自己選擇去做（或不做）的。絕對不要怪罪別人。

陷入後悔時，這是你應該選擇的有效應對原則。

「都是我爸媽說這間學校比較好，我才進這間學校的。」

「都是因為相信〇〇的話，才會遇上這種爛事。」

這種思考方式，就是把責任都推到別人身上了。

無論和對方是何種關係，又獲得了什麼樣的建議，最終採取行動的人都是自己。做出這個決定的，說到底就是自己。

徹底懊悔過後，不要把責任轉嫁到他人身上，而是真誠地反省：「是我自己犯蠢。以後不要再犯同樣的錯誤。」

同時，為了避免事後怪罪他人或怪東怪西，**付諸行動或做出決定之前，要先問問自己：「這真的是我想做的事嗎？」「這是我自己想要的嗎？」想清楚了，再採取行動吧。**

直視自己的內心，靠自己的大腦思考需要能量，是非常費勁的行為。照單全收「別人的話」，據此做決定要輕鬆得多，所以人們往往不小心就傾向這麼做。可是，為了一步步活出無悔的人生，我們絕不能放棄獨立思考。

當人經過深思熟慮，按照自身判斷採取行動，無論最終結果如何，多半都能抱持著「沒辦法，這是我自己選的路」的態度欣然接受。或許我們很難做到完全不後悔，但至少後悔的頻率應該會大幅降低才對。

此外，**面對已經發生的事，改變自己對於那件事的觀點也是一種辦法。**

小時候，我曾經因為沒聽媽媽的話而受了重傷。

「不能在暖爐前面換衣服，太危險了。」

媽媽明明都這樣警告過了，我卻趁爸媽不在家時，調皮地跑到暖爐前要換衣服，在跟想要學我動作的妹妹搶位置時，不小心打翻暖爐上的水壺，造成腿部嚴重燙傷。

那次燙傷的疤痕，成了一輩子都不會消失的傷。

後來我動過好幾次手術，有段時間還需要靠輪椅生活。當時我深受打擊，很後悔「自己為什麼沒聽媽媽的話」，也對爸媽感到很抱歉。

不過在長大成人後，我把這件事視作一個提醒自己的教訓。現在每次看見那道疤痕，我都會想到：「人不能得意忘形。」「不該做的事就不要做。」

那道傷，成了防止我重蹈覆轍、於己有益的存在。

要做到這種程度的反思與轉念，可能需要一段時間。但**只要有辦法像這樣改變自身的看法和觀點，也就能和後悔說掰掰了。**

○趁活著時就自掘墳墓

人生最終極的後悔，就是到了臨死前才意識到「要是有做那件事就好了」、「好想向那個人說這些話」，或者是想起已離世的人，懊悔著「早知道就對他再怎麼樣一點」。

在那種時刻冒出來的後悔，往往想補救也來不及了。

因此，最好趁年輕時多多經歷後悔，磨練「放下」的技術。

你可以失敗。

也可以反省。

但後悔沒有益處。

從這一刻起，請把這件事謹記在心。

只要你還活得好好的，就有機會挽救或彌補。

「明天又是新的一天。」這句話任何時候都適用。

只是，理所當然地，人不知道何時會死。不光是自己，身邊的人也一樣。**為了過上無悔的人生，別再將心中難以釋懷的事擱置不管，請你真實且清醒地活著，勇於面對每個當下的自己吧。**

「趁早自掘墳墓吧。」

我的師父經常這麼說。

自掘墳墓，這個成語平時都被用作「自取滅亡」的意思，但我師父是拿來表示另一種含意。

他說，人只要在活著時就立一座自己的墓，按照字面上的意思自掘墳墓，就能過上幸福的人生。

這並不是因為有靈界力量在運作，或是其他靈性上的原因，而是透過立一座自己的墓，也就是去**意識到死亡，人就會警覺「有一天自己將進到這個墓裡面」，從而下定決心不再浪費剩餘的人生，一定要盡全力好好過每一天。**話中蘊含著這樣的意涵。

我第一次聽見這句話的瞬間愣在了原地，但現在已經很能理解其中隱含的真理，也深切體認到事情確實如此。

趁活著時就自掘墳墓，這個方法很有效，其中隱含的智慧會成為我們過上無悔人生的強大後盾。

所以，請用「明天就會死去」的心態果斷做出決定，有意識地盡力過好今天。那麼，因為自身言行而感到後悔的機會，應該會比現在減少許多。

練習把悲傷的情緒
「先放在一旁」

其實，悲傷也是一種憤怒

大家可能會有點驚訝，不過**在佛教中，「悲傷」這種情緒其實被歸類在「憤怒」（嗔）的分類中。**

一個人沉浸在悲傷裡的狀態，我們常會用「心痛」來形容，這是因為內心受到了某種攻擊，或是失去原本擁有的東西而產生的情緒。

被他人毆打時，因為「身體疼痛」而湧現憤怒，也是同一種機制。因此，悲傷和憤怒被視作同一類情緒。

比方說，被捲進爭端和他人吵起來時，有人會生氣大喊，「喂，你是想怎樣！」起身對抗，也有人會悲傷到哭出來。即使面對同一件事，由於情境和性格不同，有人會感到憤怒，有人則會陷入悲傷。正因如此，兩者才會被歸在同一類。

悲傷這種情緒，主要由掌管記憶和情緒控制的大腦前額葉皮質在感知。由於人類的大腦發達、記憶力卓越，過去發生的悲傷經歷往往難以忘記。所以，我們想起好幾年前過世的親人或不再聯繫的朋友時，還是會流下淚水。

據說人類以外的其他動物，也會對眼前正在發生的事情感到悲傷。可是，人類的記憶力和想像力高出太多，不單是自己的親身經驗，大腦甚至會把聽來的故事、讀到的文章，還有其他事件及知識等所有資訊都疊加在一起，強化了悲傷的感受。

想像力太過豐富時，也可能對即將面臨的未來感到悲傷。

比方說爸媽生病，被醫生宣告「只剩半年性命」時，會是怎麼樣的情況呢？爸媽明明還好好地活在眼前，但只要一想到半年後的情況就不免沮喪流淚，對不對？

這是唯有人類被賦予的特權，另一方面卻也是導致痛苦不斷滋生的一大難題。其他動物八成不會因為想像未來而陷入悲傷之中。

莫忘諸行無常

感受到強烈的「悲傷」時，我們會沒辦法客觀看待自己的心。

比方說，每個人都曉得生命是有限的。

可是，一旦親近的人死期將至，自己養的寵物生了重病，人馬上就會失去客觀性，不願接受眼前這種無法抵抗的事實。

當悲傷不斷加劇，自我，也就是自身心中的信念便會開始動搖。

同時，存在於心底的「妄想」和「錯誤假設」也會蠢蠢欲動。

因為「誤以為」雙親會一直守護在自己身旁，情人間的愛意會持續到永遠，失去這些人時的悲傷就變得更巨大。

那些「錯誤假設」愈是深植內心，當足以撼動原先假設的事情發生時，人就會陷入深深的悲傷之中。

只要能冷靜下來，客觀地凝視自己的內在，其實在內心深處，這些事的真相自己早就一清二楚，不管是長輩通常會先走一步，或是很多情侶都逃不過分手的結局。但是，真正到了事發當下，卻會出現難以接受事實的另一個自己（＝失去自我的自己），堅信「不可能會發生這種事」，讓悲傷無止盡蔓延。

說到底，悲傷這種情緒，主要起因就在於和某個重要的人離別，或是遭到他人的攻擊（背叛）。

一個人心中原本建立的完美期待和願望崩塌，感受到某部分的失去時，悲傷的情緒便隨之產生。

我能理解那種儘管事情都已經發生，內心卻仍不願接受的心情。畢竟，過去一直以為會永遠待在身邊的人或事物離自己遠去了。

可是，我希望各位能在這種時刻想起「諸行無常」的思考方式。**這世上的一切狀態都是暫時的，都是會不斷變化的，沒有什麼東西會永遠一樣。**請將這件事時時記在心裡吧。

離開的對象如果是家人、情人、好友或喜歡的人，當然會感到難過。儘管如此，具有「終須一別」的意識，跟完全不具備這種意識，屆時承受的悲傷程度將會大大不同。這是一種可以避免你過度陷溺在悲傷中的技巧。

◎短暫隔離悲傷的有效方法

暫時把悲傷情緒擱置到一旁，這種做法也會有效。

比方說，如果在剛失戀時突然被調到公司的其他部門，光是熟悉新的工作內容、和新同事打好人際關係就耗盡全副心神了，心裡根本沒有餘裕也沒有時間去想戀愛的事，對吧？

像這樣，**主動去創造一個讓自己沒空沉浸在悲傷中的生活情境，或是找出必須更優先處理的事項，逼自己忙起來。**

當然，這是指在能力所及的前提下，如果可以換一份工作、搬家、出門旅行或開始學習新事物，迫使自己「現在沒空管那件事」，就能暫時壓住心中的悲傷。

我不建議一直待在同一個地方，最好也別待在會讓你想起與對方共度的時光、容易觸景傷情的環境。那樣不管過多久，你都很難真正走出來，只會一直陷在消沉的情緒裡。

關鍵在於拿出理智，客觀凝視自己的情緒。用合乎邏輯的方式思考，只要在「我是為了放下悲傷，才根據自己的意志做這件事」的認知下展開行動，應該就可以與悲傷和平共處。

就這層意義來看，喪禮的流程就建構得非常完善。

一旦親近的人過世，心中會湧現巨大的悲傷，但同時間又必須盡快告知舊友或熟人這項事實，必須聯繫喪葬業者，必須做的事一件接著一件，還有守夜、告別式，簡直忙得團團轉。

接下來，要火化遺體，把骨灰裝進骨灰罈帶回家，招呼來上香致意的客人，連喘口氣的空檔都沒有。喪禮結束後，又得去戶政事務所辦理死亡登記，處理各式各樣的手續。

「我是很難過，但我沒有空悲傷。」

這樣的情況會持續一陣子。

每天忙東忙西，不知不覺就來到四十九日的法會，此時，應該有許多人的心情已稍微平復了吧。原本該籠罩在悲傷中的時期，因為眼前有太多事必須處理，只好暫時把自己的情緒擱置一旁，在那段期間中，悲傷就漸漸淡化了。

喪禮或法會這些喪葬儀式，在幫助我們治癒悲傷、整理心情，以及接受現實方面，發揮了巨大的功效。

在悲傷的盡頭會迎來新開始

最後我想談的一件事是，請徹徹底底地感受悲傷。

人類的情緒波動不管多麼劇烈，最終都會因大腦分泌的血清素而慢慢平復下來。其中當然會存在個人差異，不過**一旦悲傷情緒到達頂點後，接下來心情就會出現積極正向的好轉了。**

二〇一一年三月東日本大地震發生後，我曾多次以志工身分前往當地。地震剛過，災民內心的悲傷之巨大遠超乎想像，筆墨也難以形容。

不過，過幾年後和他們談話時，我聽見的多半都是「再想也沒用啊」、「已經發生的事不會改變，只能從現在開始努力了」這類話語。

我想大家應該是經歷了痛徹心腑的悲傷後，體悟到「一直沉浸在悲傷裡，人是不會前進的」這份道理。

心境轉變後，理智就會強過情感，開始用理性思維來思考該如何重建生活，比方說「先收拾這些，接下來要修復那裡」之類的——這是我從他們身上所感受到的。

悲傷是一種很難熬的情緒，但千萬不能勉強自己忘記，或獨自忍耐。因為不想正視悲傷而完全封閉自己的心，是絕對要避免的行為。那樣一來，內心就會一直處在尚未痊癒的狀態，甚至有可能損害身心健康。

關鍵在於，要明白喜愛的人事物總有一天必定會離開自己，帶著諸行無常的心態過日子。還有，盡量客觀面對自己，時而徹底感受悲傷，時而先把悲傷暫時放在一旁，努力學習去調節自己的情緒。

這些一點一滴的積累，就會慢慢建構出一個痛苦比現在要少的新人生。

第 3 章

跨越「無知」這道牆

人如果不懂得「放棄」，就得繼續受苦。

看清「莫名不安」的真面目，就能擺脫它

○對未來的想像力創造了不安

有時候明明沒發生具體的問題，心裡隱約就是惶惶不安。「不安」，是由我們人類大腦高度發展後獲得的「記憶力」和「想像力」協同製造出來的。

在第二章有關悲傷的內容中也曾提及，包含在憤怒那一類的情緒，多半是針對現在和過去發生的事而產生的反應，而**不安是面對未來時想像力運作後的產物**。

預測未來可能發生的各種情況，思考「萬一情況變這樣，就那樣做」以擬定對策，是避開危險、謀求生存的必要能力。

可是，有些不安是必要的，但也有些不安毫無意義。

比方說，你要參加一場考試。

「萬一沒考上怎麼辦？」因為擔心而感到不安，所以拚命努力念書。

這會轉化成為目標奮鬥的原動力，就沒有問題。

另一種情況是，因為「對未來莫名不安」而心裡頭悶悶的，卻又不知道該做什麼好，每天無精打采地過日子。

這種就是毫無意義的不安。

感到不安時，重點在於要去釐清自己究竟是因為什麼而感到不安，然後為了消除這份不安，逐步採取具體行動。

要是不能轉化成具體的行動，懷著這種「莫名不安」也沒有意義，徒增內心沉重而已。

如果想擺脫這種不安，就必須要把它看個透澈。

○現代社會最該留意的情緒──「恐懼」

「恐懼」，是一種近似於不安的心情。恐懼的對象可能是現實中實際存在的東西，也可能是精神層面上的，或者兩者皆是。

例如遇到塊頭和力氣都比自己強大的東西時，感受到可能會遭受傷害、甚至有生命危險所產生的情緒，就是恐懼，也可以稱為是一種動物本能。

換句話說，**恐懼是所有動物與生俱來的情緒反應，是避開危機和威脅所不可或缺的機制**。

然而，在現代社會中明明不會遇到危及生命的危險，卻會萌生不必要的恐懼，讓人感到生活艱辛。

在這層意義下，我認為**恐懼可能是大家最需要留意的一種情緒**。

比方說，一個人進入公司工作，賺取薪水。「我要越賺越多！」懷抱雄心壯志、充滿幹勁對自己喊話，以年收一、兩千萬日圓為目標，乍看之下是件好事。

不過，我們如果去看更深層的動機，其實是「好怕會失去錢」，「必須再賺更多錢才行」等，可說是正被恐懼所驅動著。

而且最糟糕的是，有不少人會利用這種人性的弱點。

大家可能會覺得話題突然跳得有點遠，不過有一些宗教團體就是在利用人們的恐懼心理。

「一定要○○，不然就會下地獄喔。」

「如果你△△，就會遇到壞事喔。」

像這樣不斷煽動沒必要的不安情緒。

原以為自己是基於「我要加油」、「我要努力」這類正面情緒在展開行動，但其實是恐懼在背後推動著我們，情緒也受到恐懼的操控，這種情況在現代社會尤其常見。

大火、水災，或獅子等物理性外敵造成的恐懼是減少了，但相反地，人們對於眼睛看不見的事物，精神上的恐慌正逐漸升高，我認為這是現代社會的一大問題。

在不知不覺中，不安會轉為恐懼

「不要對衰老感到不安。」

「不要對死亡感到擔憂。」

話說起來簡單，但其實相當困難，對吧？

除了人以外，其他動物應該都不會意識到死亡，也不會為此感到不安或恐懼。

「我幾歲時會死呢？」狗或貓八成不會去思考這種事情吧。

然而，人類時常對未來感到不安。「要是生病怎麼辦？」我們會因為這種想法而注重健康。或者，「為了年老時能安心生活，來認真存錢吧！」也會像這樣提前做財務規劃。

這份不安，可以說是被有效轉化成了讓人生活得更好、更快樂的助力。

相反地，人如果對自己正在衰退的能力毫無危機意識，往往會掉以輕心。

我們不時可耳聞，銀髮族高估自身能力以為「我沒問題啦」，堅持開車上路卻出車禍的消息。

這就是沒發覺到自己的判斷力已經開始變遲鈍了，正是缺乏「萬一撞到人怎麼辦？」的不安。

因此，**大家不用勉強去消除不安，重要的是好好面對不安。**

我不會叮嚀大家要非常小心謹慎，但我們要記住，有一種不安是必要的，是為了避開風險，保護自己。

我們該害怕的是，心裡萌生沒必要的不安後，那種情緒又引來更多的不安，然後在不知不覺中轉變成恐懼。

大眾媒體的新聞可說是最典型的例子，只要內容過度煽動不安情緒，就會有民眾因此陷入恐慌。

一旦恐懼占了上風，理智就無法正常運作，沒辦法做出正確的判斷。情況嚴重時，可能會遭心懷歹念的人欺騙，最終落得身心受創、生病的下場……這種事真的很沒天理，對吧？

這年頭不光是奇怪的宗教、投資課程、自我啟發課程，就連政府、媒體和企業也紛紛加入，臉不紅氣不喘地煽動群眾的不安已是一種常見手段。

一開始只是稍微有點不安，在聽過各式各樣「負面案例」後，漸漸轉變為恐懼，喪失了理智判斷的能力。這種時候，就很容易遭有心人士乘虛而入行騙。

新冠疫情、日圓匯率走貶，世界各地戰爭、糾紛頻傳等，世道不平靜，每個人內心難免或多或少都會感到不安。

這種時候，要是一位深諳人類心理的專家設下陷阱，那會怎麼樣呢？由於他一開始就掌握了人們內心的不安這項弱點，只要趁機鼓吹幾句，對方就很難做出冷靜的判斷。

千萬不可小看人類的不安情緒，恐慌要是蔓延，足以累積成一股撼動社會的龐大能量。

好比一九七〇年代石油危機時，民眾瘋狂搶購衛生紙的混亂。又或是一個高中女生隨口的玩笑話，卻如滾雪球般在社會上擴散，最終發展成有關豐川信用金庫的荒謬傳聞。由此可見，會令人失去理性判斷能力的不安情緒，是我們該戒慎恐懼的。

接受自己正感到恐懼不安

「該怎麼做才能再次拾回理智呢？」

在此分享一個有效的方法，就是冥想。

一天一次，為自己留下觀察內心的時間，誠實面對內在的各種感受，靜靜思索：「這真的是必要的不安嗎？」

不要讓「莫名的不安」永遠是模模糊糊的，必須釐清裡面究竟藏了些什麼，具體「看個清楚」。在冥想後，把變得清晰的思緒寫在筆記本上，也不失為一種好做法。

接下來，只要針對這些令自己不安的因素收集資訊，準備擬定對策，以及採取行動就行了。

在我首次參加空手道全國大賽時，整個人幾乎快被不安的情緒壓垮了。那時，學長只給了我一句建議：「反正你多練習就對了。」

說也奇怪，當人坦然直視自己的不安，並徹底地勤奮練習，「我都這麼拚命練習了。」不斷投入的努力就會轉化為自信。在這個過程中，不安的感覺自然就減少了。

我們或許沒辦法完全消除不安的感覺，但盡了全力之後，就比較能帶著淡定的心態坦然面對結果，「我都已經這麼努力，卻還是失敗了，那真的是沒辦法。」

另一種方法是，尋求心理師或該方面專家的建議。

沒辦法直視自身的不安，失去冷靜思考的能力……這正是不安即將轉變為恐懼的前兆，這種時候，別堅持自己一個人悶頭想辦法，建議去借助他人的力量。

比方說，如果是擔心將來錢不夠用，可以找理財規劃師諮詢；如果是因為找工作或轉職而煩惱，就向職涯規劃師尋找建議。

要是身邊沒有可以立刻商量的專家或顧問，就找平時信賴的熟人或朋友聊聊吧。

當人的內心被負面情緒籠罩時，很多時候透過與他人談話，聽到第三者不同視角的冷靜意見，反而能客觀檢視自身的狀況。

儘管最終我們必須靠自己找出解決之道，可是，為了抓住一些線索，請別人聆聽自己傾訴也是有意義的。我在「大愚和尚的一問一答」中傳達的內容，也是希望喚醒那些失去冷靜的人恢復理智。

我的想法很簡單，就像是替那些正陷入混亂的心澆點冷水，提供建議與引導，「這樣思考看看，如何呢？」幫助大家重新檢視引發不安的根源。

這裡有一個重點，諮詢對象想找家人可以，但也要找除了家人之外的「第三者」聊聊。

如果家人中有頭腦清楚、情緒穩定的成員，那情況又另當別論，不過人通常在面對自己的小孩、父母或兄弟姊妹陷入困境時，「我一定要幫忙！」的意念會太過強烈，有時反而會和當事人一起掉進不安的漩渦，失去冷靜判斷的能力。

我們在判斷情況時，有兩種系統會運作。

一種是基於經驗法則的直覺，另一種是經過理性思考後做出的決定。直覺這種東西時準時不準。當我們用實際資訊來驗證，也常意外發現它只是一種先入為主的想法，不是嗎？

如果一味聽循這種直覺，感情用事地做出決定，最終很難走向你所渴望的未來，更準確地說，你沒辦法單憑直覺做出正確的選擇。而佛教的核心理念就是要大家理性思考，認清現實。

最重要的是，不要否定不安或恐懼，要接受自己正在經歷這些情緒。清楚認知到「我就是對於〇〇感到不安」，並承認這項事實。

然後，在承認這件事後，再退一步問自己：「真的是這樣嗎？」重新冷靜思考看看。

這就是佛陀的智慧，也是應對不安與恐懼的總結。

想清楚人生的「優先順序」，焦慮自然會消失

○「焦慮」介於希望和絕望之間

焦慮，是一種類似不安的情緒。

「工作上做不出想要的成績。」
「看不見未來的方向。」
「我想結婚，戀情卻不順利。」

這些焦慮是針對人生比較重大的面向，但也有些情況是因日常生活中的突發狀況所帶來的焦慮。

「上司突然交代我一份緊急的工作。」
「臨時遇到狀況，我可能會遲到。」

不管是哪一種，都會令人失去冷靜、驚慌失措。

相較於不安或恐懼，焦慮可說是心中仍存有「也許還能做些什麼」的希望，卻又想不到「該怎麼做才好」，當下缺乏具體解決辦法或應對方式時，便會產生這樣的情緒。

◯把焦慮轉為正面能量

焦慮的棘手之處在於，想不出辦法時，明知道焦慮也無法改變現狀，但這種情緒卻沒辦法說要壓抑就能輕易壓下來。所以才會常聽到有人因焦慮慌張發生車禍，或對身邊的人發脾氣導致關係惡化，不是嗎？

有人跳軌自殺並非鐵路公司的過失，但當電車因此誤點，還是有些人會對正拚命處理情況的站務人員發脾氣。電車又不會因為你宣洩怒火就能恢復行駛，我認為這種人「心裡是真的沒有餘裕了」。

很多失敗，都是源自於焦慮。

一直焦慮並沒有益處，一個人如果平時個性就容易焦慮，心情上難有餘裕，那麼，想必他會比性格悠哉的人累積更多壓力吧。

不過，我們也不需要全面否定焦慮的情緒。我不確定用反轉現象這個詞來形容是否恰當，但偶爾確實會發生焦慮反而會出奇奏效的情況。

創意工作者因為交件期限迫在眉睫，精神壓力大到極度焦慮時，忽然靈光一閃想出好點子，最終完成出色的作品。這類故事時有所聞。

還有些例子是，因為陷入危機，內心爆炸焦慮，為了極力安撫自己冷靜下來，最終像「狗急跳牆」一樣，發揮出平時難以展現的潛力，成功克服難關。

如果明顯是因為自己準備不足這類原因，才老是在焦慮、頻繁造成他人困擾，當然不太好，但我認為偶爾體驗一下焦慮的感覺，是完全沒關係的。

◯與焦慮共處的祕訣：在心裡先決定好優先順序

話雖如此，如果可以的話，大家還是希望能放下焦慮情緒，對吧？

該如何才能做到這件事呢？

這個方法要說是特效藥可能有點弱，但理想的情況就如同我剛才說的，要反過來善加利用焦慮，把它轉為正面的力量。

關鍵在於事先想清楚優先順序，提前決定好「陷入焦慮時，該做出什麼選擇」。

就算心裡焦慮到無暇多顧，只要保持理智，客觀思考「在現狀中，該採取什麼行動才是最佳解法」，心中的焦慮就會逐漸減輕。

比方說，職場的直屬上司是那種高壓專制、老愛催大家動作快點的類型。

那真的很令人焦慮呢。

不過，如果能拿掉個人情緒，把它視作一種工作的常態來應對，然後逐漸去習慣這種情況，焦慮自然就會慢慢緩解了吧。

焦慮出現在身心開始緊張時。而所謂的緊張，就是身體正在發出訊號提醒你，此時應該要集中精神在某件特定的事情上。因此，我們可以正面看待這種情緒，把它視為思考「此刻該專注在哪件事情」的好機會。

不過有時候焦慮只是一種隱隱約約的感覺。比方說，「我身邊的朋友一個個都步入婚姻了，我卻連個好對象也沒有，更沒機會認識新朋友。」或者「跟我同期進公司的人都累積了不少經驗，只有我這麼多年來一直原地踏步。」諸如此類。

這種時候，跟前面討論的不安一樣，**必須要去釐清：「我究竟是因為什麼而感到焦慮？」「我想擺在第一位的是什麼？」明確把優先順序想透澈。**

如果你一心想早點結婚，那就積極出門，去各種有機會認識新朋友的地方，請朋友幫忙介紹，這些都是可行的辦法。或者，經過仔細思考後，你也有可能意識到內心真正的想法，發現自己其實只是無意間受到旁人影響才感到焦慮，但比起結婚，現在更想把工作擺在第一位。

如果能把焦慮的根源梳理清楚，針對問題癥結採取具體行動，焦慮應該就會自然消失了。

如果一個人心裡一直很焦慮，一直處在緊張的狀態裡，會給身心帶來很大的負擔，甚至可能會導致內心生病。

為了避免發生這種情況，大家平時就要特別留意，別被焦慮牽著鼻子走。

練習與焦慮共處，習慣它、適應它、善加運用它，具體思考焦慮背後的成因，然後選擇優先順序高的行動。請在生活中持續實踐這些原則。

練習獨立思考，
先看行動再聽言論

○對任何事都先抱持懷疑的態度

先前，我們討論過不安和恐懼。

如果心理累積愈來愈多不安及恐懼的經驗，人就會漸漸沒辦法相信各種事，對世界產生一種「不信任感」。

我在討論恐懼時也提過，有一種恐懼是不可或缺的，是為了迴避危機和威脅，幫助我們安全活下去而存在的。過去，人類的生活時常暴露在獵食動物等各種威脅之中，心懷恐懼及不信任感會使人謹慎行動，有助於提高生存機會，活得更久一點。

在現代，眼前突然出現一個敵人對你發動攻擊這種事幾乎不會發生。相反地，大家應該要對那些會在精神層面產生威脅的事物具備不信任感，這點十分重要。

這個世界並非只有善良的好人，不管在公司經營或人生路上，滿懷惡意要欺騙他人、使詐陷害他人的傢伙不在少數。

在現代社會中，投資詐騙、電話詐騙或多層次營銷這類手法猖獗，所以「凡事都先抱持懷疑態度」非常重要。雖然和過去的意義不同，但為了在這個時代生存下去，不信任感依然是人類必備的情緒之一。

人生需要一種平衡的不信任感

雖說必須，但不信任感過強，人就容易累積壓力。

「這個人好像沒辦法信賴吧？」「他該不會是要騙我吧？」老是緊張兮兮地擔心這個、焦慮那個，精神根本沒辦法放鬆。

不安或恐懼太過強烈時，不信任感就會如滾雪球般愈變愈大。換句話說，這可以被視為擔心自己可能會受到危害或有所損失的懼怕。

大家必須注意的一點是，**要是與人來往時，總抱持著對他人的不信任，漸漸地別人也會沒辦法信任你。**

「真的還假的啊？」

「這個人八成是在說謊吧？」

如果總像這樣朝別人投以懷疑的目光，一定很惹人厭吧。

抱持不信任感本身很重要。可是，過度不信任又會使人疑神疑鬼，這不只會使自己身心俱疲，也可能因此失去他人的信任，成為拒絕往來戶。

比方說，我們在考駕照前的安全講習中，會學到要預測危險，例如「可能會有人從視線死角衝出來」。

其實這種思維模式正是佛教教義的核心。

沒有不信任感，就做不到安全駕駛。

話雖如此，要是不信任感太強，又會變得害怕開車，根本沒辦法駕車上路。

佛教中說的「時時觀照自己，警惕自身」，就是要提醒我們對自身抱持不信任，並時常自問：「我有沒有哪裡做錯了？」如果缺乏這層意識，人就容易驕傲自滿。

不過，若是對自身和周遭的不信任感太強，又會變得對任何事情都裹足不前，因此最要緊的是找到其中的平衡點。

◎練習獨立思考，找值得信賴的人核對答案

對於別人說的話，完全不經過理性批判，也不抱持疑問就照單全收，這是「痴」。是一種無知。

佛陀在向弟子說法後，一定會這麼說：

「如果你們對我剛才說的內容有問題或心生疑惑，就盡情發問。」

要是他說完後，沒有任何人舉手發問，他就會再重複一次同樣的問題。然後，繼續問第二遍、第三遍，直到所有人都接受為止。

這個教誨的含意是，**就算對方尊貴如佛陀，我們也不該盲目聽信別人的話。反而應該抱持一顆懷疑的心**。

順帶一提，缺乏智慧的人就算拚命思考，做出自認為合理的判斷，也不會改

變其無知的本質——這也是佛陀的結論。

「愚者請不要只靠自己下判斷，要聆聽明智之人給予的建議。還有，請記得把『自己思考出來的答案』和『明智之人的意見』做一番比對。要是兩者不一致，就該意識到自己是愚昧的，並懷疑自己的想法。」這是佛陀在傳遞的教誨。

這並不是鼓勵大家「不要相信別人，也不要相信自己」。

而是要讓身邊有值得深信的人、優秀的人或有智慧的人，並在日常生活中多多聆聽這類人的想法和意見。同時，即使是面對這些人，也要不斷反問自己：「他們說的話真的沒錯嗎？」時時保持獨立思考的好習慣，絕不懈怠。

在這個前提之下，沒必要的不信任，指的是無法相信那些本應值得自己信賴的人。愚鈍的人如果一直自己悶著頭想事情，很容易在不知不覺中走偏。正因沒去找該商量的人或真正值得信賴的對象討論，才會不小心誤信可疑人士而上當受騙。

比方說，父母雖然並非萬能，但在孩子遇上困難時，肯定會出於關懷拚命給予建議吧。如果一個人這麼認真思考你的事，你還沒辦法信任對方，那就完了。**不信任感固然重要，但要是沒辦法相信真正該相信的人事物，這下就真的沒救了。**

正因如此，這種情況被歸類在「痴」的範疇，也是不信任感棘手的原因。

◎分辨「該相信誰」的方法

在「大愚和尚的一問一答」中，曾有人問我：「大愚和尚，我可以相信你嗎？」

我非常能理解這個提問，畢竟現在這個時代，也存在精神控制（Mind Control）這種怪事呢。

「不不不，請你也要懷疑我。」

這就是我的答案，也是佛教思維的立場。

如同我剛才說的，佛陀讓眾弟子發問到連最後一絲疑問都消失為止。他會回答任何問題，接受任何批判。

同樣地，請你試著從多方視角去檢驗理論，要是一個理論各方面都經得起檢視，那或許就可以採納、值得信賴。

比方說，教育和洗腦有一個明確的差別。

教育是為了幫助對方獲益而傳遞資訊，但洗腦只是為了謀求自身的利益去提供對方資訊。

說到底，關鍵終究還是得靠自己踏實地學習知識、累積經驗，謹慎做出每次的判斷。

現代社會價值觀多元，充斥著真假難辨的各種資訊。正因如此，我們需要正面意義上的不信任感，才能分辨出什麼是真正對自己重要的事物。

試著連自己也懷疑看看。

然後，也試著去懷疑一下別人。

在這個基礎上，發揮你的智慧，從各種角度進行檢驗，選出此時此刻你認為最好的答案，相信它。

如果要提出一個具體的辦法，下面這也是佛陀的話：**「看一個人，不要聽他說了什麼，而是要看他做了什麼，取得了什麼樣的成果。」這意味著，只有口頭上說說、不會實際付諸行動的人，並不值得信任。**

「你明明是和尚，卻叫大家懷疑他人，這種觀念沒有問題嗎？」

儘管也有人會這樣問，但那就是佛陀的教誨。以我自己而言，則是不管說話的人是誰，都會先抱持懷疑的態度。

這樣做之後，你就會開始分辨出誰才是真心為你著想、能提供有效建議的人，以及那些真正有智慧的人。

「放棄」會讓人看清楚
重要的東西

◎絕望是邁向新世界的第一步

「我和喜歡的人分手了。」
「重要的人過世了。」
「我最想進的那家公司沒錄取我。」
「我被多年信賴的人背叛了。」

當這些瞬間造訪時，我們會陷入絕望。

可是，「絕望」並不是一轉眼就降臨的，通常會經過幾個階段。在感到絕望之前，往往會先出現「悲傷」或「失望」等其他負面情緒。前面有了這些情緒，隨著負面程度繼續加劇，人才會逐漸轉成絕望。

一旦陷入絕望的處境，內心肯定會深受打擊吧。

「一切都完了。」

「我活不下去了。」

在某些情況下，有些人可能會產生這種想法。

遭負面情緒吞噬，整個人有氣無力的，失去笑容，拒絕和他人接觸，最糟的情況甚至會自絕性命……

絕望的情緒，經常導致這類悲劇發生。

不管怎麼樣，由於身心受到嚴重的打擊，自然會造成工作、學習等日常生活各方面的表現下滑，判斷力也會跟著變遲鈍吧。

畢竟「希望」都被「斷絕」了。

那麼，人只要陷入絕望就徹底沒救了嗎？並非如此。

我們反倒能從正面的角度來看。

感到絕望，其實就代表一個人處於「已經達到極限」，或者「再怎麼樣也不會比現在更糟」的情況。

既然如此，我們是否可以換個角度重新理解整件事，例如，「絕望雖然煎熬，但我渴望的那些事物本就超出了自己現在的能力。」或者「那對我而言，原本就不是必要的東西。」

「當一條路的希望被斷絕了」，同時也可能是「其他道路正在悄然開啟」。感到絕望的瞬間，說不定正是個好機會可以仔細看清楚，什麼才是對自己真正重要的事物。

◎墜入谷底時才能看清的事

我現在以「大愚元勝」這個名字活動，但我過去的僧名是「佛道元勝」。改名的契機，實不相瞞，就是因為「絕望」。

我身為修行人，過去一直認為自己「必須開悟」、「必須成為一個更好的人」，多年來為此拚命努力。

可是，無論我多勤勉地修行，都難以達到那種境界。

我因此對人生感到絕望，寫了一封信給師父，大意就是「我撐不下去了」。

結果，師父的回信是這樣寫的：

你給我好好沮喪！最好沮喪到墜入谷底為止！

你是一個愚昧至極的愚者。

從今天起，你就叫作「大愚」吧。

我看完這封信才意識到，「原來問題出在這裡，我沒有承認自己的愚昧。」

後來，我終於能捨棄「想要更多」的欲望及掙扎，下定決心改變自身的想法，重頭努力。

這件事，誠然就成了我人生中的重要轉機。

於是，我現在的想法是這樣的。

挫折和打擊不夠徹底，沒造成致命傷，人就會繼續重複愚蠢的行徑。

反正都要受打擊，最好就要大到能讓自己一蹶不振的程度。那樣一來，人就能朝下個階段邁進，並懂得極力避免再次犯下類似錯誤。因此，最好盡量趁早、盡量趁年輕時就深深體會過絕望的滋味。

我現在就是像這樣，以完全正面的角度在看待絕望。每天在寺裡，我都會對弟子們說：「趁早絕望，趁早絕望。」可惜大家都相當頑強，似乎沒什麼人感到絕望（笑）。

再來，**從絕望中爬起來，就意味著一個人能放下自己至今懷有的願望，甘願「放棄」**。

這絕對不是一件壞事。

佛教的觀念是，凡會惹人煩憂的事全都放棄比較好。

食欲、性欲、權力欲、金錢欲……人一旦開始能放下這些欲望，就是在慢慢學會放棄，靠近「覺醒」的狀態了。

「放棄」雖然有「死心」的意思，但在佛教中，這個詞也用來代表「清楚」

的意思。

想清楚，這個東西對自己來說，是否真的必要。看清楚，設定的目標有多少實現的可能性，是否適合自己的個性、身體條件和能力。

這個行為就等同於「放棄」。

真正必要的人事物，無論發生什麼都沒辦法放棄。能夠放棄，就代表那其實並非必要的。

會有其他的東西更適合自己。

絕望過後，就只剩希望。

是絕望才能讓自己領悟到這件事的。請各位也用這個角度來看待絕望吧。

◎人不願「放棄」，就得繼續受苦

這句話，適用於人生的各種局面，任何時刻都能派上用場。

升學或找工作時感受到的絕望，就是最典型的例子。

舉例來說，某個孩子就讀一間升學率很高的明星學校，在校成績一直名列前茅，大學模擬考的落點預測總是有百分之八十以上的機率能上第一志願。這種人萬一大考失利，肯定會墜入絕望的深谷之中。

沒辦法就此放棄，為了進第一志願拼重考並不是壞事。

不過，萬一第二年、第三年也都落榜，重考兩年、三年後的情況呢……？那間大學對這個人而言，會不會其實不是必要的目標？

沒考上第一志願，妥協進入分數剛好到門檻的學校就讀也一樣。這種人通常沒辦法真正放棄心中的執著，大學四年都會過得悶悶不樂。

「不該是這種結果。」

「我該待的地方不是這裡。」

他們會像這樣不願面對現實，雖然過著校園生活，心裡卻又總是看不起身旁的同學。

萬一找工作的過程也不順利，那種「老天在跟我作對」的感受就更強烈了。如果他們在大考失利陷入絕望時，願意停下來轉念想想，例如，「我跟第一志願那間大學沒有緣分。」或者「沒辦法，我現在的實力就只有這樣。」說不定可以擺脫鬱悶和自卑，用煥然一新的心情展開充實的校園生活。爽快「放棄」，或許反而有機會讓自己過去從未發掘的才能或特質開花結果，最終順利進入理想的夢幻公司就業。

戀愛也一樣。即使被喜歡的人拒絕，心裡充滿絕望，也不要一直留戀，困在回憶中走不出來。請把它視作一個轉機：「這下我就有機會遇見更棒、更適合自己的人了。」

社會上那些被稱為「成功人士」的佼佼者，十之八九都曾在人生的某些階段體會過絕望的滋味。正因為覺悟到那裡沒有希望，轉向別條路尋找新的開始，才步上了康莊大道。我想有這種經歷的人應該很多。

搞笑界傳奇明石家秋刀魚先生曾說過這樣一句話：

「光是活著就淨賺了。」

這句話說得一點也沒錯。

秋刀魚先生滿滿正向思考的處世態度，對於正深陷絕望中的人們來說，可能是最值得借鏡的模範吧。

母親內心的堅強，超越了死亡帶來的絕望

我希望各位即便置身在必須面對死亡的處境，心裡十分絕望時，也不要忘記從這種角度思考。

比方說，就算罹患癌症，而且檢查結果已是第四期，被醫生宣告時日無多了，也不要灰心喪志。

得了癌症，任誰都會受到很大的打擊。

可是，又不是一定會死，況且現在還活著呢。那種情況下，大家一定會把這件事忘得一乾二淨，對吧？然而，**如果不從中找出希望，就很難珍惜地度過餘下的時間。**

在你萬分後悔過去的生活習慣不佳，沉浸於痛苦和悲傷時，時間依然毫不留情地繼續流逝。那真的非常可惜。

所以，為了有效運用有限的時間，一定要在心中抱持這種希望：「從今往後的每一刻，都要不留遺憾地好好過。」

「有想做的事就去做吧。有想去的地方就去吧。如果有想道歉的人，就趕緊去向對方道歉。」

我對那些隨時都可能離世的生病之人，總會這樣建議。

不如來說說我身邊的例子吧。我母親，正是把絕望轉變成希望，引發了某種奇蹟的真實案例。

大約五年前，她在做健康檢查時發現已罹患大腸癌第三期，當時醫師是這麼告訴她的：

「癌細胞有轉移的可能性，妳也上年紀了，如果動手術切除，以後有可能會沒辦法走路。」

當時我母親已經八十二歲了。要冒著不良於行的風險賭一把嗎？還是不動手術，一邊接受治療一邊好好度過剩下的人生？一個重大的決定橫亙在眼前。

「如果妳希望動手術，我們就做。但萬一發現轉移，就需要再次動手術。考量到體力的因素，或許不動手術比較好。」

這是醫生的看法。

可是我母親說：「只要當作自己已經死過一次了，就什麼都辦得到。」她在清楚風險的情況下，果斷選擇接受手術。

我想，**她正是因為「放棄」與事實對抗，明白「要是活不久了也是無可奈**

何」，乾脆豁出去，才有勇氣做出決定的吧。

結果，母親「賭」贏了。

手術成功，癌細胞也沒有轉移，她在克服艱辛的復健後，成功找回了原本的生活。

自那時起已經超過五年了，她現在依然精神抖擻地每天到處跑。

一個人最終將迎來什麼樣的結局，誰都不曉得。

正因為如此，自己的人生要自己做選擇，並活得無怨無悔。

我相信，就算媽媽事後變得無法行走，或者癌細胞轉移，情況急遽惡化，只要是她自己做的決定，最終一定也能無悔地接受結果，坦然面對死亡。

重要的是，在絕望時要勇於決斷。

「人在絕望時更要保持沉著。重新審視自己，找出最好的那條路。只有這個辦法。焦慮、迷惘、慌張、迷失自我，都是愚者的行為。既然都確定會死，有必要再讓自己變得更悲慘嗎？反正都難逃一死，不是更應該盡力開朗地活到最後一刻嗎？」

我這是「超譯」了佛陀的教誨。

有些希望，只會在絕處逢生。

請各位千萬不要忘記這件事。

第 4 章

跨越「想要」這道牆

別人肯定你也好，否定你也好，你都絲毫不受影響，
這才是真正意義下的內心安定。

你有辦法和「心裡羨慕的
那個人」同樣努力嗎？

○「憧憬」和「羨慕」的差別

「我也想要像那個人一樣！」

「等你長大想當什麼呢？」大家小時候一定被問過很多次這種問題吧。比起長大後的世故，那個年紀的你想必是抱著純粹的心情，單純想著憧憬的對象，滿懷期待說出：「我想當職棒選手！」「我想當偶像！」並在心中盼望，「我也好想變成那樣的人啊。」

對他人所擁有的事物感到欣賞和渴望，自己也想擁有，這種心情就是「羨慕」。羨慕和「憧憬」雖然類似，但大家必須留意兩者在語意上存在著細微的差異。

憧憬中包含著一個讓人覺得「好棒啊」的理想模樣，深受那種美好吸引，並心生嚮往，希望自己也能變成那樣。

相對於此，羨慕頂多就只停留在「羨慕的心情」而已。

「他的薪水比我多，好好喔。」

「他家好大，好好喔。」

「他都開高級車，好好喔。」

「她長得可愛，身材又好，好好喔。」

這些心情都是來自於自己和他人在境遇上的差距而產生的，在這種心態下說出「我想變成○○樣子」時所想像出來的自我樣貌，其實是建立在不斷與他人的比較上。

而雙眼閃閃發光說著「我想當職棒選手！」、「我想當偶像！」的孩子們，則是在心中描繪未來的自己。兩者明顯不同。

這種羨慕的心境，在佛教中就稱為「慢」。

因為人類是一種動不動就想和他人比較的生物，才會產生這種欲求。換句話說，佛教認為這是一種不該緊抓不放、應該捨棄的煩惱。

一天到晚都和別人比較，是沒完沒了的。更多錢、更大的房子、更高級的車，還有更美麗的容貌……

這種「想要更○○……」的欲望是無止盡的。羨慕，就像是永遠不可能被填滿的無底洞。

不過，憧憬就不一樣了。

懷有憧憬的人，心裡有一個屬於自己的理想，會激發出對目標堅持不懈的強大動力。這是一種很美妙的心境。

只要你還會受羨慕驅使，沉浸在與他人比較所帶來的微小優越感和自卑感中，就無法真正過上幸福和滿足的人生。

不去追求自己真正的憧憬，反倒活在羨慕的驅使中。心裡會一直有種不配得感，或者說無法接納自己，只是不斷追逐「更怎麼樣、更怎麼樣」，就這樣結束一生。那樣的人生是卑微而鬱悶的。

◎你的羨慕變成忌妒了嗎？

「請心懷憧憬，不要羨慕。」

我想強調的就只有這句話。

正因為有憧憬，人才能成長。你應該要善用這份憧憬作為養分，鼓舞自己不斷成長。

羨慕，是當你看到比自己更出色的人時會萌生的心情，面對那些你覺得不如自己的人，應該就不會出現了，對吧？

比方說，「為什麼這個人工作（或者是讀書）這麼厲害呢？」當你這麼想的時候，**不要拿對方和自己比較，而是要去仔細觀察他，然後努力讓自己也變得那麼厲害**。

如果在這裡搞錯方向，朝不對的方向前進，心裡只會萌生「為什麼只有那傢伙可以……」或「反正我這種人就是……」這類充滿忌妒和偏見的念頭。這樣一來，日後不免會發展成「我看到他就不爽」、「我要把他拉下來」，一心只想扯對方後腿。

大家表面上不會顯露出來，但埋在心底的羨慕種子很容易轉變為忌妒。我在「大愚和尚的一問一答」傾聽許多人的煩惱時，經常有這種感覺。

◎忌妒之苦源自於「無知」

有時候，也有人會帶著明顯惡意直接用言語挖苦我。

「這個人為什麼要特地來說這種話？」

「他以為我是僧人就不會反駁他嗎？」

待在寺裡時，讓我忍不住如此疑惑思索的諷刺話語經常出現。

特別是最近，為了讓來參拜的民眾更方便舒適，我們正在整修、改建建築物，廁所由蹲式馬桶改為坐式馬桶，本堂也裝上有冷暖氣的空調設備，因此出現了這種聲音——「疫情這麼嚴重，佛寺卻發大財，還真好耶。」或是「正好印證了『和尚做無本生意』這句話嘛。」

在我過去修行不足依然無知時，每次聽到這種言論都會大為光火，內心受傷地想，「根本不是那樣的……」

然而，現在的我會這麼回應：

「如果你很羨慕的話，要不要也來當僧人？」

「你願意過著一年三百六十五天每日清晨四點起床的修行生活，過個五年、十年嗎？不管天氣再冷，甚至下雪，也必須光著腳打掃寺內，要不要一起來做做看？」

我現在會像這樣，建議對方踏上成為僧人的道路。

「這個嘛，不用了……」結果，不知為何大家都拒絕了我的提議。我並不是要說只有僧人特別辛苦，但如果有人羨慕我，請務必來體驗看看同樣的生活。

而且，我認為在實際成為僧人後，這些人應該就能親身體會到，「原來當僧人沒辦法賺大錢啊。」

無論如何，無知會招致不幸。

如果從一開始就清楚現實情況，肯定就不會感到羨慕了吧。

一個人如果有什麼地方令你感到「羨慕」，他必定付出了許多不為人知的努力，也經歷過各種艱辛。許多身材迷人的藝人，每週至少要去健身房五天進行身體鍛鍊，為了保持身材，還要極力克制對美食的渴望，嚴格控制每日三餐。

有些人可能會認為「他們是老天爺賞飯吃，天生麗質」。不過，無論什麼事，為了保持在某種狀態，勢必都要付出相對應的努力。

「我想當太空人！」「探索宇宙真的好讓人羨慕！」我小時候曾這麼幻想。然而，成為太空人需要經歷漫長的嚴苛訓練，而且一連好幾個月待在太空船裡的生活隨時都有送命的危險，當我看清這些現實後，「這我實在受不了……」清楚明白這點後，就乾脆地放棄了。

「你要是做得到，就自己來做做看啊！」

我並不是要故意說這種話來挑釁大家，只是，不僅是那些被視作「專業人士」的人們，無論是什麼樣的工作，只要親自去做做看，或者是想像一下實際做起來的感覺後，你對事物的看法就會大大改觀。這樣一來，輕率的羨慕之情應該就會消失了。

不把心力花在
「我不能改變的事情」

心裡頭的不滿究竟是在針對誰？

無法接受自己現在身處的情況。

在生活中總是感到不滿足。

應該滿多人都抱持著這種「不滿」在過每一天吧。

原因各式各樣，譬如自身能力不足，環境不如期望等。但無論何種緣故，生活在鬱悶和不滿中是很消耗的。

不滿，無論是由內在因素或外在因素引起，都是一種自身願望無法實現時產生的情緒。

在處理這種情緒時，首先要思考的是：「我是在對誰不滿？」

是對自己不滿嗎？

還是對別人不滿？

弄清這一點，對於思考如何處理不滿的情緒很重要。

先來談對自己的不滿。

「我只拿得到這麼點薪水。」

「其實我想做不一樣的工作。」

「我有好多事想做，但時間不夠。」

這些不滿頂多只是不滿意於自身的現狀。

這類對自己的不滿，並不是壞事。因為**這些不滿可以激發自我的動力和上進心，是一種有助於追求成長的情緒**。

可是，對他人的不滿就不是這樣了。

「我就是看不慣那個人的○○地方。」

「下屬（或家人）沒有按照我的想法行動，我的心裡就很煩躁。」

「公司完全不幫我加薪。」

這類不滿是對於朋友、家人、戀人、小孩、上司或下屬、同事等，針對自己以外的人所感受到的情緒。

可是，說穿了，一直對他人感到不滿，對自己不會有任何好處。

對他人感到不滿，完全不會使你成長，只會徒增你的壓力，是一種毫無益處的情緒。

在這種情緒的背後，隱藏著「希望他多做〇〇」、「他為什麼不〇〇呢？」的期待。理應最該被重視的「我」沒有受到應有的尊重，而產生了「為什麼總是只有我受到這種對待呢！」的憤怒。

◎你是不是一直在吃「不美味的食物」？

如同前面提過的，一直對他人心懷不滿，只會徒增自己的壓力。而且，如果你只會獨自在心裡悶悶不樂，對方並不知道「你的不滿」，對他來說根本沒有任何影響。

「我現在的公司，主管根本沒能力，爛透了！」「我老公（老婆）都不幫忙做家事，也不照顧小孩。」「〇〇那個人一開口就愛自誇，有夠討厭的。」諸如此類。**一個人如果老是像這樣抱怨他人，其實就相當於「明知道這些食物不美味卻還是一直吃」**。

要是真心想改善現狀，就要把自己不滿的地方清楚告訴對方，促使情況慢慢往好的方向改變，或者主動離開、果斷捨棄「不美味的食物」，不然就只能靠自己想開來轉變心境了。

然而，我想許多人都深有體會，要改變其他人是非常困難的。

向無能的主管、靠不住的老公或老婆，或是讓人不舒服的朋友，坦白說出你真正的感受並不是壞事，但他們對待你的方式應該也很難馬上就出現戲劇性的好轉。

每個人都有「自我」，就算你「希望對方這樣做」，對方也有他認為「事情應該是○○」的想法。

為了一件改善機率極低的事而消耗你寶貴的時間和心神，實在非常浪費。

如果你不滿的事情只有想輕微發個牢騷的程度，那就找個人聊聊，排解情緒，透過互相分享感受，可以加深與朋友間的情誼。但強烈的不滿會形成壓力，侵蝕身心。

為了避免自己因為「無能為力的事」過度耗費心神，適當選擇遠離、捨棄，有時果斷切割，也是很重要的。

◎「我是對的，是別人錯了」這種想法就是痛苦的根源

有些人很容易對他人或周遭環境感到不滿，有些人則不太會。

這兩種人是哪裡不一樣呢？

這個原因就在於第一章談過的「我執」太強了。用現代的話來說，就是「太自我本位」吧。

「我沒有錯！是他錯了！」在每件事情上都這麼認為。

總是深信「我是對的」的狀態。

這個世界上最應該被珍視的「我」，權益受損了……

這是一種沒辦法接受這個現實所導致的痛苦。

「從我的觀念來看，是你無理，是你錯了。」

一個容易陷入這種思維的人，可以說是對自己的「貪（欲）」太強烈了，是

受到一輩子都無法滿足的欲望所毒害的狀態。

自己絕對沒有錯，遇到任何事都覺得是個人單方面受害。不過，就算嚷嚷著「全都是○○的錯！」，其實也只是把責任推給別人而已。

在佛教中，有項重要的教誨叫「知足」。

「知道」「足夠」——清楚自己該拿多少，不會奢求超過所需的分量。

不滿這種情緒會刺激「我」這個人類的基本欲求，因此，**一個人如果充滿對他人或周遭的不滿，內心會一直陷在痛苦的狀態**。

這可能是視角的問題，不過也可以說**正因為堅信自己絕對沒錯，不滿才會愈來愈多吧**。

以剛才列舉的「我只拿得到這麼點薪水」和「公司完全不幫我加薪」為例，這兩句話看似相像，實則不同。

同樣是在不滿「為什麼薪水這麼低？」但前者是坦誠面對現實，知道可能是自身能力不夠，而後者則根本不認為原因出在自己的能力上。

「我拿高薪是理所當然的。」

完全沒意識到自己這個想法有問題。換句話說，就是無知。

當然，無視能力優秀又認真的員工，昧著良心只願意支付低薪的黑心企業不在此限。

一旦不滿的念頭出現，我認為先回頭客觀地審視自己，並重新思考，「我的工作表現真的對得起這份薪水嗎？」這點很重要。

最近經常聽見有人說因為業績不佳，被公司裁員了。有許多人或許會因此對公司感到強烈不滿和憤怒，在心中埋怨：「為什麼我非得被裁掉不可？」但正確的說法是——公司決定裁掉你。

讓公司裁掉自己的你，和決定裁掉你的公司。在真正意義上，利益受損的究竟是哪一方呢？

如果你對公司而言真的是必要人才，可能根本不會被裁員。

我這麼說可能很嚴厲，但你完全沒有意識到你對自己的評價，跟公司對你的評價截然不同……這個可能性也不能排除。

他人的內心，我們無法改變

對他人的不滿＝沒有被滿足的欲望，其實就是被你自己心中堅信「事情應該要這樣才對」的想法所束縛住的「貪」。接著，那股事情不如己意的煩躁，最後就會轉為「嗔」的怒火。

就像前面提過的，「自己所看見的自己」和「他人所看見的自己」之間的差距，往往會滋生出無法被滿足的欲望。

如果總是專注在「自己如何看待自己」，卻不知道「他人怎麼看待自己」，就沒辦法填補這個差距。

正是因為自身的無知，才會造成這般遺憾的結果。

你要是真心想解決，就必須重新認真思考自己究竟是在對誰不滿。

如果是對自己感到不滿，就把這種情緒轉化為提升自我的上進心。

如果是對他人感到不滿，其實那就只是起源於心中「我執」的不滿而已，不如果斷捨棄這個念頭，遠離對方，或者設法接受並想通吧。

自己的事可以靠自己努力，但他人的事你再努力也沒用，就算你一直思考該怎麼辦，也無濟於事吧。

別再為你不能改變的事發牢騷了。

你要開始引導自己將這種行為視作浪費心力，練習讓心變得輕鬆。

「勉強自己正面思考」會造成反效果

◎自我肯定感是沒辦法勉強提升的

即便是同一句話，由於理解的角度不同，可能令人備感救贖，也可能反而造成心理壓力。

比方說，「自尊心」（自我肯定感）這個詞，通常會被視為正面的詞彙。

最近開始流行起「提升自我肯定感」這種說法，同時也引發另一種趨勢是「自我肯定感低的人會活得很辛苦」。

書店擺滿了教人如何提升自我肯定感的書籍，相關講座也如雨後春筍般在許多地方舉辦。

其實根據心理學的研究，**自我肯定感還分為「潛在的」和「顯性的」**。

「無意識就有的自我肯定感。」

「自己有意識到的自我肯定感。」

即使同樣稱為自我肯定感，性質可是大大不同。

「潛在的自我肯定感」和「顯性的自我肯定感」（也就是外在的），兩者都維持在高水平的人，用佛教的話來說，內心處於非常安定的狀態。

另一方面，儘管潛在的自我肯定感很低，卻總是想著：「我要保持在高度自我肯定感的狀態！」勉強拉高自我肯定感，這種人就容易自我陶醉，也容易有大家常說的自戀傾向。

這樣的人，他會在言行舉止上刻意表現出「我是一個自我肯定感很高的人」。

在遇上可能會讓自己受傷的事，或者自身評價可能會降低的情況時，這種人會像在自我暗示一樣，對自己說「我很厲害！」或「我比那個人強多了！」這種自我激勵式的正面話語，拚命要把自我肯定感維持在高水位。

簡而言之，這種狀態可以說是他因為極度懼怕自我肯定感降低，於是有意識地不斷去提高外在的自我肯定感，一直勉強著自己付出這種努力。

要說這是一種相當病態的行為也不為過，因為不管遇到什麼情況，這種人都會忍不住進行自我防衛，久而久之，整個人的身心健康很容易失衡。

想提升自我肯定感的心情和努力並非壞事，但就如同「人有九成行為都是無意識的」這句話一樣，一個人的本質並不會輕易改變。

也就是說，就算表面上用「我很厲害！」、「我最喜歡自己了！」這種話來激勵自己，依然無法掩蓋潛在自我肯定感低落，缺乏真正的自信的事實。

○「想讓自己看起來很棒」這種自戀心態很麻煩

比方說，有些名人表面形象非常開朗，心態看似總是積極正向，但內心其實早就生病了，長期依賴藥物過活，最糟糕的情況甚至會自絕性命。

近年來這種令人痛心的新聞並不少。他們透過電視等各種媒體展現給觀眾看到的光鮮亮麗，跟私底下真實的自我想必有著巨大的差距吧。

有些事情，光憑顯性的自我肯定感是無法輕易改變的。

經常有人在犯錯後表現出深切反省的態度，看似做了一些努力，就透過媒體宣誓一定要東山再起。但在我看來，一個人的內心如果有這麼容易改變，大家就不用這麼辛苦了。

「我想反省自己，請讓我來打坐！」

「我犯了錯，大愚和尚，請同意我在這裡修行！」

跑來福嚴寺抬出這種場面話的藝人、體育選手、企業老闆等各界人士不勝枚舉，不過我一律拒絕。

我不會說所有人都是這樣，但通常大多數人都只是想在鏡頭前洋洋得意地說句：「我修行過了！」藉此取回社會大眾的信賴，以這種心態為出發點而採取行動。所以，甚至有人從一開始就安排了攝影師隨行。

前面曾提過，「不要聽一個人說了什麼，而是要看他做了什麼。」正是這個意思。

一個人的品行，是不會因為做了這種虛有其表的修行就有所改變，「請不要為了這種理由利用寺院！」我以這樣的回覆請他們打道回府，已是家常便飯。

如果真的有心要修正個人言行，默默做就行了。當一個人還要透過媒體或社群平台昭告天下這件事，那就只是「想讓自己看起來很棒」的欲望在作祟罷了。

表現出一副謙虛的態度，其實內心很自戀的人非常多。

◎分清楚自己「做得到」和「做不到」的事

不只佛教，心理學也有類似的說法，真的在潛意識具備自信的人，根本就不會自戀。

正是因為內心抱有某種不安定的因素——好比說對自己的某個部分感到自卑，人才會帶著謙虛的態度努力克服那些不足之處。

我希望各位能記住一件事，所謂的**自我肯定感，並不是你想提高就有辦法提高的東西**。

自我宣示（為了成為理想中的自己，用肯定句宣告）這類做法只有一時的效果，那頂多是一種透過和他人比較而確立的「慢」，因此你依然會頻頻在意自己與他人孰優孰劣，這樣是不會有所改善的。

別人肯定你也好，否定你也好，你都堅決不受影響。這才是真正意義下的內心安定。還硬要去正面思考，就是你內心動搖的證據。

首先，請意識到自戀就是「慢」，不要花任何一丁點能量去和他人比較，這很重要。

只要能意識到這件事，人自然就會慢慢變謙虛。

這種謙虛並非是「沒有啦，像我這種人哪能……」的卑微心態，而是**深刻分析過哪些是自己做得到的，哪些又是做不到的，透澈了解自己。也就是能客觀看清自己的狀態**。

世界上那些被譽為「一流」的人士，就是因為很清楚自己做不到哪些事，才絕不會滿足於現在的自己。

真正的一流人物，從來不會四處向別人自誇「我很厲害！」。

正因為擁有永不滿足的求知欲和上進心，才能成為受眾人認可的專業人士。

可以客觀且冷靜地判斷自己有哪些優點和缺點，這種人一定會成長。

自戀是三流人士才做的事。希望各位要先意識到這一點，並銘記在心。

「我至少比那個人好！」
廉價的優越感會趕跑幸福

◎輕視對方也不會提升自己的格調

我在第一章詳細說明過「慢」的意思。那是一種渴望和他人比較，想評斷自己比較好、比較差，還是跟對方差不多的衝動。

因為這個「慢」而產生的負面情感，就是「輕視」。一旦認為對方比自己差，就會萌生看輕對方、瞧不起對方的情緒。

這並不是人類與生俱來的本能，幾乎可以定位成一種「社會性情緒」。

輕視，是人們活著完全不需要的情緒。

既沒意義，也毫無價值。我可以果斷這麼說。

假設你輕視某個人。

「那傢伙學歷比我低，沒什麼了不起啦。」

「那女生明明長得不好看，還硬要化妝化那麼濃。」

當你這樣想的時候，內心或許會有一瞬間沉浸在優越感之中。

可是，情況並沒有絲毫改變。**就算輕視別人，就算客觀來說那的確是事實，你的能力也不會因此大幅提升，長相也不會變漂亮。**

面對名人八卦時也一樣。

無論是容貌、經濟實力或社會知名度，明星偶像或演員在各方面條件都遠勝我們這種普通人，所以當這些擁有光環的藝人犯錯或捲入異性關係醜聞中，許多人就會好像終於逮到機會似地大肆抨擊。

「沒想到他竟然是這種人。」輕蔑地說出評論，優越地認為自己一沒出軌二沒碰毒品就比對方好，比對方高尚。這些人其實就是想表達「我是對的，別人是錯的」，意圖展現自己比較優秀。

可是，那究竟有什麼意義呢？

就算你內心燃起熊熊的對抗意識，你自己或者你周遭的環境也不會因此產生任何變化。

此外，就算你的想法單純只是「希望他好好反省」，但你既不是他朋友也不認識人家，他根本不會把你的話聽進去，也不可能因此萌生「我要改過自新」的念頭。

要是真造成了什麼影響，那只會被視為近年來頻頻引發社會問題的輿論霸凌，你也會成為迫害對方身心健康的加害者，甚至可能造成最糟糕的結果發生。

輕視對方，並不會達到勸戒或幫助對方的效果。

更何況，那種暴躁易怒的情緒只會對你的身心帶來不良影響，危害到你自己的健康，絕對沒辦法變得幸福。

希望各位可以先認知到這一點。

別看不起人，要設身處地去理解對方

一旦發現自己心裡頭正在看不起誰，就先冷靜下來分析那種輕視的情緒到底是屬於哪一類。

如果是「真遺憾」或「好可憐喔」這種類似於憐憫的情感，就請把「輕視」替換成「同情」。

雖然同情對解決問題也沒有實質性的幫助，但至少遠比看不起別人要好。因為你有機會去理解、貼近對方的心情。

不去猜想對方行動背後真正的意圖，是一種無知的行為，換句話說就是「痴」。

比方說，假設有一個人的用餐禮儀非常惡劣，講話也很粗俗。

當你看見他的言行，正要瞧不起人家時，請不要從「太糟糕了，這人沒藥救了。我可不想變這樣」的視角去想，而是改為「他的成長環境可能不太好」、「他父母的教育方式可能出了問題，應該不是這個人的責任」或「他是不是最近精神壓力很大呢？」等這類角度去看。

佛陀的看法是：「人類都同樣愚蠢，每一個人都像有病一樣。」完美的人並不存在。

如果你有空看不起別人，還不如去同情他。

變成現在這樣也不是他願意的。

並不是他一個人的過錯。

只要從這個角度去想，心裡就不會產生負面情緒。

你的精神狀態應該也會變得比現在更安定。

◎「輕視」大多會發展成「憤怒」

輕視裡頭也藏著一種並非藐視，更像是憤怒的情緒。

「那個人為什麼連這麼簡單的事也做不到。太扯了。」

「路這麼小還並排走，那些人太沒常識了，造成別人困擾。」

諸如此類，**當我們看到別人做不到自己能輕易辦到的事、不懂察言觀色，或**

是不遵守社會規範，心中所產生的輕視通常都會發展成憤怒。

在那些對藝人醜聞的抨擊聲中，總有些人會說「我還以為她很清純，居然不守婦道搞外遇，不可饒恕」這類發言，怒不可遏地大肆撻伐。

看不起對方的情緒轉變成憤怒了……

一旦你察覺到自己出現了這種情緒，請運用第二章的憤怒處理原則去面對。例如：不朝怒火投下由妄想生成的燃料，遠離惹怒你生氣的對象等。

如果你沒有察覺到這件事，還愈想愈氣，有時候也會因此製造出棘手的場面。特別是在日本人身上常出現的，故意用對方聽得見的音量小聲諷刺的行為。

「唉呀，這裡明明是公共場所耶……」

「居然做這種事，腦袋裡到底在想什麼啊？」

因為心底有瞧不起對方的念頭，所以講出來的話往往也帶著刺。

那被講的人當然會火大吧。他就算知道自己確實有錯在先，也不免會對語帶諷刺的那個人感到憤怒，接下來引發一場爭吵的機率就很高了。

如果你看到別人不守社會規範，內心升起看不起對方的情緒，而且那股情緒正在轉變成憤怒，請你先深呼吸一次，再冷靜出聲制止對方，這樣對雙方都會比較好。

不要用嘲諷的語氣，或擺出一副要吵架的態度，而是有禮地、邏輯清晰說出正確的做法，被講的人多半可以坦率接受。

只不過最近世道不平靜，偶爾也會聽見一些不太好的案例，一個人出聲制止不守規矩的人，結果卻被對方突然拿刀刺傷。因此，當你猶豫是否該出聲時，離開那個地方（憤怒的對象）是最好的選擇。

◎不語帶諷刺的外國人讓我上了一課

我還是學生時，曾發生過這樣一件事。

有一天，我帶著裝有空手道道服和護具等物品的大包包，大包小包地搭上擠滿乘客的電車，把那些東西放在自己腳邊。其他乘客看到這副畫面，理所當然地紛紛投來「真礙事」的白眼。

我是有自覺的，可是我……沒辦法，東西真的太多了啊。

過沒多久，一個站在我附近的外國男性對我說：「你的東西會擋路，放到架子上面去。」

他突然向我搭話，讓我嚇了一跳，一瞬間有點戒備。不過他完全沒有生氣或諷刺的神態，感覺上就只是單純在告訴我這樣做比較好，這樣做才對大家都好。

後來，還幫我一起把沉甸甸的包包擺到架子上。

如果有人碎碎念「很礙事耶」、「你這樣太沒常識了吧」，當時年輕正值血氣方剛的我說不定會非常火大。

可是，對於那位平靜點出問題還出手幫忙的外國男性，我心中湧現的是滿滿的感激之情。

就像這樣，**即使心裡面的情緒一樣，只要換一種應對方式，對方接收到的感覺就完全不同。**

日本人比較害羞，大多不擅長像這樣直接糾正他人，清楚表達自己的想法，或許我們該好好學習外國朋友這種不帶任何額外含意，直截了當採取行動的態度。

第 5 章

改變「心的習氣」，不再受負面情緒擺布

駕馭自己的心，人就能活得自由。

養成「善念滿滿」的心靈習慣

第一章說明了把佛教視作心理學的基本思考方式，以及各種煩惱和痛苦的發生機制。

接著在第二章到第四章中，我把幾種具代表性的負面情緒分為憤怒、無知、欲望這三大類聚焦介紹，分別說明它們的特徵，還有放下各種情緒的方法。

只要各位能理解、學會書中所說的這些觀念和方法，並加以實踐，內心應該就能變得比過往都要平靜，人際關係上的煩惱和壓力也會隨之減少，過上幸福的生活。

在第五章，我想分享一些智慧，幫助大家能更有效運用前面提到的內容。因此，我整理出幾個有助於大家更深入了解自身內心，順利放下煩惱及痛苦的訣竅。

第一個要來談的主題就是佛教對於「心」的見解，對於「心」的基本立場。

放下不善心所，培養善心所

「心是什麼？」佛陀在徹底思考這個問題之後，得出了一個結論：**心就像一個容器，裡面裝滿了像水一樣的液體，而形成各種情緒的成分就溶解在其中。**

接著，他把這些成分命名為「心所」。就像把茶葉浸泡在水中就會變成一杯茶，把水沖過咖啡豆磨成的粉末就會變成咖啡，用水溶解味噌就會變成味噌湯一樣，只要溶解的東西不同，內含物就會隨之改變。

心所的種類很多，不過可分為三大類：二十五個善念（善心所），十四個惡念（不善心所），還有十三個其他（同他心所）。

放下憤怒、忌妒、輕視這些不善心所，培養喜悅、親切、慈悲這些善心所——這就是佛教永恆的核心主題。

人類的心原本都有著同等的善心所和不善心所，不管是被譽為品格高尚的人，或者是被視作大惡人的人，都一樣。

不過，由於與生俱來的性格、成長環境，以及生活處境不同，每個人心所的強度和優先順序也會跟著有所變化。

一個人如果被許多人視為「討人厭的傢伙」、「個性很差的人」，不善心所就會處於強勢狀態，這也是可以理解的吧。

重要的是冷靜審視自己，覺察身心的狀態與變化。然後，有意識地去克制、擺脫不善心所造成的影響，努力讓善心所站上主導地位。

修行並不是「一味忍耐」，而是「養成習慣」

在佛道上持續精進的人，就是為了放下不善心所，培養善心所而修行。但這裡說的修行並不是「辛苦忍耐，拚命努力達成某種目標」。

修行，就是在培養習慣，使一個人無須刻意努力，善心所也能自然保持在強勢地位，那他遇到任何事自然就會從善念出發去思考，自然就會做出善意的舉動，說出善意的話語。

換句話說，就是建立起一套反射行動，讓自己能不假思索地做出來。

佛教修行通常是採取團體形式，目的就在於希望激發出加乘效應。讓修行人在相互監督的情況下，意識著彼此的存在，切磋琢磨，激勵彼此成長。

這個概念有點類似體育競賽中的菁英隊伍。正因為聚集了一批實力出眾的選手、足智多謀的教練和優秀的工作人員，在高水準的練習及訓練過程中一點一滴累積實力，整支隊伍才會越來越強。

兩件事說到底是一樣的。

有一些不善心所會成為腐蝕內心的毒素，其中有的具有強烈的負面能量，甚至稱為劇毒也不為過。

在內心受這些毒素支配前，我們就算做不到完全捨棄、徹底清除掉它們，也要時常提醒自己，設法降低那些東西對自己的影響力。

然後，不斷讓善心所變大。

那樣一來，你的內心就會逐漸變得光明、寬廣、強壯，又寬大。

每次只改變一點點也沒關係，請把目標定為讓心中的水變清澈。

關於這本書的主角「不善心所」，我在第二章到第四章中詳細介紹過了。至於善心所和同他心所，本書最後面將附上簡單的說明，提供給各位參考。

果斷告訴自己「那些全是妄想」

在這一節中，我要談「佛教的存在論」。內容是關於我們所看見的、感覺到的事物，到底是如何存在，存在於哪裡，而人類又是如何感知到這些東西的。

佛教認為，人類可以透過「六根」裡的六種感覺器官，來感知事物的存在。六根是「眼」、「耳」、「鼻」、「舌」、「身」、「意」這六種。把前面五種替換成「視覺」、「聽覺」、「嗅覺」、「味覺」和「觸覺」，就很好懂了。這些都是負責感知眼前實體存在的感官。

第六種「意」，是意識的意，換言之就是我們的心，這是唯一的例外，使我們可以感知到「過去」或「未來」這類不存在於眼前的東西。只是它偶爾會引發一些問題。

像是懊悔過去，想像著不好的未來……

於是，它就變成了痛苦產生的根源。

例如前一晚吵架的夫妻，直到隔天兩個人都還在生對方的氣。

或者是因為忘不了朋友一句傷人的話，多年過去依然經常想起當時的情景，每次不是氣憤地在內心大喊「我絕不原諒他」，就是陷入頹喪情緒中。

這種憤怒或悲傷，並不是由眼前實際存在的人事物製造出來，也不是真實存在的東西。

而是你在內心擅自捏造出來的「創作」，換言之就是妄想。**你只是在想著一個此刻並不在眼前的人事物，內心對它起反應，自己害自己生氣難過而已。**

◎一切都源於自己

接著我們要來談談眼前看見的實體，還有它究竟存在於哪裡。

內容可能會稍微太過抽象，所以我們先想簡單一點。

那個「物體或事情」是存在於你這個人的外面？還是裡面？而你又是如何感知它的？

比方說，你眼前擺著一輛腳踏車。

對你來說，這輛腳踏車是在外面？還是在裡面呢？

如果被人這樣一問，大概幾乎所有人都會回答「外面」吧。

可是，那輛腳踏車其實是在你的「裡面」。

透過眼睛這組透鏡投影在大腦裡的腳踏車，要在我們的心感知到「那裡有一輛腳踏車」的那一刻才能說是真正存在。

「這裡有一輛腳踏車耶。」你向別人這麼說時，「這裡」指的是你心中所感知到的地點。因此佛教認為腳踏車是在你的「裡面」，而非「外面」。

也就是說，**佛教認為存在於這個世界上的所有事物，其實全都在自身之中**。

而且全都奉行諸行無常，時時刻刻在變化，沒有任何事物是永遠不變的。

就連「我」，又是指哪一刻、處在何種狀況下的「我」呢？換句話說，並不存在一個「總是相同的我」、「不會改變的我」。

此外，我們還會對內在事物添加多餘的妄想，使它變得巨大或改變形貌。所以，你感知出來的結果，也有可能是與真實情況相距甚遠的一隻紙老虎。

在各位面對心中煩憂前，請先理解心有這樣的機制。

心會產生煩惱很正常，這是無可避免的。

但那些煩惱幾乎都是自己創造出來、參雜著妄想的虛像。所以，你可以靠自己的力量改變它。

請你試著從這個角度想：

「我只是在自己心裡擅自創造出一個虛像，又擅自對它產生反應而已。」

你只要明瞭這件事，就算無法阻止負面情緒產生，應該也能在經歷困境時降低受衝擊的程度。原本衝擊程度有如十級地震那麼大的事，或許可以降到只剩二級或三級。

如果能像這樣主動自我調節思緒，不斷練習釐清內心，慢慢地應該就不會輕易受負面情緒牽動了。

冥想就是看清楚
自己的心

我在前面已經強調過好幾次，集中注意力並專注在自己的心上，看清楚裡面「正在發生什麼事」有多麼重要。

這個**「集中注意力不斷去看清楚的行為」，在佛教裡就稱為「冥想」**。

佛陀窮盡一生觀察痛苦在內心產生的過程。所謂冥想，就是靠自己去意識到自我內在的「貪」、「嗔」、「痴」三毒。只要不去面對自己的心，就沒辦法放下那些痛苦。

○讓憤怒情緒冷卻的訣竅

「憤怒」這種情緒是各種痛苦產生的根源之一，想撫平怒氣，重點在於理性、客觀地看待事物。而方法就是：

①注意力集中在自己的心上。

②觀察它。

③**看清楚它**。

④**跨越它**。

這就是我心中的冥想四步驟。

例如，一想到某個人就讓你覺得「絕對不可饒恕」，為此你氣得半死。這種時候，我們該如何理性應對才好呢？

我的回答會像下面這樣：

「當你快被憤怒的情緒吞噬時，就去想自己到底為什麼生氣，練習把原因寫下來。接著，再去思考，自己究竟想從對方身上得到什麼？」

很多人在實際寫下原因後，就會發現，「其實也不是那麼重要的事……」要是叫他們拿給第三者看，有些人甚至會感到難為情。

像這樣冷靜下來觀察自己的情緒，花時間思考，本身就有意義。

人一旦情緒失控，就容易迷失自我。但如果你去回想各種細節，察覺到其中的怒點，「是因為那個人對我做了這種事，我才生氣的！」並進一步思考，「那我真正想要的是什麼呢？」當你能像這樣冷靜分析事實，理智就啟動了。而且，你在腦中梳理整件事的時候，原本炙烈的怒火也會跟著平息下來。

換句話說，**情緒是油門，理智則肩負剎車的功能。**

持續爆發怒氣，就是受到三毒中的「嗔」侵蝕的狀態，最終你的身心會漸漸受損。如此一來，結果吃虧的還是自己，不是嗎？透過書寫出來，客觀看清自身情緒的變化過程後，請試著實踐冥想四步驟的最後一步「跨越它」。

比方說，如果職場上有一個同事，你實在看不慣，討厭他討厭得要命。回應這份討厭的高明方式有很多，你可以努力做出更好的成績、在擅長的領域大展身手，或是在職位上追過對方，升上主管的位置。

把憤怒轉化為動力，不代表事情一定會往好的方向發展，但比起只是悶悶不樂過日子來得有效果，況且要是成功了，不但能一舉解決煩惱，你的能力也會獲得提升，一石二鳥。

我曾聽過某位奧運金牌女子滑冰選手把憤慨心情化為動力、持續前進的故事。她是一位從小就備受矚目的選手，時常被媒體寫一些毫無根據的惡質報導，對此她的心裡一直非常憤慨，也很不甘心。

那她做了什麼呢？據說，她並沒有因此被打倒，反而選擇去徹底研究媒體的做法，站在必須挖掘新聞題材那一方的角度，試圖去理解他們的立場和心態。她沒有受憤怒支配，而是把負面情緒轉化成推動自我成長的養分。

常有人說：「危機就是轉機。」要充分利用自己的負面情緒作為動力，還是直接消滅它，一切都操之於你。

◎一邊區分事實和妄想，一邊客觀注視自己的情緒

存放在你自身之中（裡面）的不光是自己的親身經驗，還有父母和周遭環境灌輸給你的觀念。而那些會造成痛苦的妄念，就是根據你擁有的這些資訊不斷被製造出來的。

冥想，就是在練習看清楚那些你吸收進來的資訊中，哪些是事實，哪些是妄想，並在這個過程中察覺「自己心裡頭真正的感受究竟是什麼」。

比方說，情人一直不主動聯繫而讓你很生氣的時候。這種情緒表面上看起來像是憤怒，但當你直視內心認真思索，就會發現根源其實是「你希望對方給予更多關心」，是一種悲傷和孤單的情緒。

情緒不斷浮現又消散，隨著萬事萬物不停變動，我們所感知到的世界也無時無刻都在變化。

身為人，我們這種生物不僅透過五感來感知世界，當某些事物觸動內心時，也會強烈感受到「我活著」這個事實。

無論是好情緒或壞情緒，重要的是我們都應該好好面對，持續看清楚自我內在的心念流轉。

不用盤腿打坐
也能冥想

冥想時，該如何確實做到「集中注意力」、「觀察」和「看清楚」這三件事呢？方法有很多種。

在佛教中，也相當重視「冥想的方式」。

雖然最終目標是要駕馭自己的心，但先從正見而非個人觀點去理解事物，這點很重要。

正見，就是看清存在與現象的原貌。

我們很容易因為自己的偏見扭曲了對事物的看法，而難以如實、正確地感知現實。

每個人都是透過「自我濾鏡」在觀看這個世界，這過程當然會產生現實與認知的落差。但大家卻都堅信自己看見的、自己感受到的才是對的，並認定那就是「客觀上的事實」。

如果沒察覺到這種落差的存在，就沒辦法理解彼此想法上的差異，爭執和糾

紛也就由此而生了。

為了避免這種情況，我們需要足以辨明真理的能力——也就是智慧。

要開啟這種智慧，只有冥想這個辦法。同時，打造一個適合冥想的環境，也是其中備受強調的一環。

那便是所謂的「戒律」。舉例來說，如果請你在涉谷鬧區的街頭上冥想，身處在四周極度吵鬧的環境，多半沒辦法集中精神吧。換句話說，為了集中心神持續自省，必須極力避免有各種刺激不斷干擾五感的情況。

在必須專心工作或讀書時，各位會不會一不小心就開始在網路上閒逛，或拿起手機瀏覽社群媒體呢？

心一下飛去那裡，一下跑到這裡……

如果你對這種情況並不陌生，應該就能充分理解打造一個不易分心的環境有多必要。

該如何吃飯，該如何生活，該如何度過一天，才能讓自己更容易進入冥想的狀態呢？

佛教的戒律，正是從衣食住行等每個生活環節逐一進行檢視與調整。近年流行的「寺院寄宿」（Temple Stay），就是在寺院中提供完整生活方式的冥想體驗活動，也是我很推薦讀者的一種方法。

◎適用於現代的潛意識鍛鍊法

經由五感接收到體內的這些資訊，我們是如何去解釋的呢？追溯那個過程，就是修行的本質。

有一本書叫《清淨道論》，裡面統整了很久以前印度修行僧採用的方法。我從中擷取一些當時的訓練法，在這裡稍作介紹。

在現代，人死後舉辦一場莊嚴的喪禮再加以埋葬，已成了理所當然的一件事，但在過去的印度，大家常常直接把遺體丟棄到山上。那也是修行的一個環節，人必須遠赴山上，長時間盯著地上屍體逐漸腐敗的模樣。

各位可能會感到有點難以置信，但這其實也算是一種冥想方法。注視著逐漸腐爛的屍體，觀察自己「現在是何種心境？」——這雖然和我們心目中的冥想天差地遠，但集中精神的技法多到數不清，像這類帶有瘋狂氣息的也不在少數。

當然觀察屍體這種冥想方法在現代很難實現，但它真正的用意其實也延續到了我們的日常生活之中。

比方說，棒球社有一種很熱門的守備練習，稱為「Knock」，人要一遍又一遍來回奔跑去接球。

一般認為透過這種練習可以培養球員在實戰中守備的體感。球會怎麼彈跳，傳球的時機，這些都必須**反覆訓練到不用經過大腦思考，身體就會自然而然採取行動。**

佛教修行恰恰也是如此，修行是為了讓人做出善的選擇，說出善意的話語，做出善舉——即使不特別去意識也會用充滿善的方式生活。所以，這和運動、料理等各個專業領域都是一樣的，就只是為了讓身體反射性採取正確行動，而不斷在鍛鍊心罷了。

佛教並不是在追求玄妙的體驗。

待在瀑布下受水流衝擊，好幾天不吃不喝一直在山中行走這類的方式，會給人一種錯覺，彷彿自己因此鍛鍊出超越磨難的堅強，但佛陀並不認可這種苦行。

我不會說那些行為是錯誤的，但佛陀認為「人並不會因為做那些事而開悟」，我也經常提醒大家，盤腿打坐並不等於冥想，如果只是形式上的打坐，內心並不會有任何改變。

所以，各位不用太拘泥於打坐這種形式，只要能找到適合自己把注意力集中在內心的方法就可以了。

如果搞錯本質，
正念反而會成為陷阱

談到僧人的印象，是不是容易想到那種說話充滿智慧的人呢？應該滿多人聆聽說法的經驗都是在法會上，但我偶爾也會受邀到企業演講，這種機會其實不算少。

我平時除了透過這類機會去分享，也在YouTube開設了「大愚和尚的一問一答」這個頻道，努力為大家的煩惱提供一些建議。

不過，並不是隨便什麼邀請我都來者不拒。

「請教我們正念！」經常有人拿佛教冥想作為藉口來拜託我，我一律鄭重回絕了。這是為什麼呢？因為我認為只想要學習「正念」的做法有其風險。

「徒具形式的模仿」會創造負面循環

從那些「請教導我們正念」的委託中，我可以隱約察覺出企業方的意圖，其實是把冥想當成一種「減輕員工壓力的工具」。

過去我也曾接下這類委託，但實際造訪企業後發現，企業本身的經營方式和工作體制就是會帶給員工壓力——親眼看見這個現實，令我感到畏懼。

「幫我把他們變成不會感受到壓力的員工。」

「幫我麻痺員工的心。」

在我聽來，那些話甚至是這樣的意思。

那種職場需要的並不是正念，而是打造一個不會讓員工在工作中持續累積壓力的環境，以及根本上的經營改革吧。

我舉這個例子可能不是很恰當，但這簡直就像是一個家暴加害者委託我，讓承受家暴的受害者「感受不到家暴的痛苦」一樣。

有些惡名昭彰的新興宗教，甚至會把這類家暴行為稱作是「指導」，當中如果有受人崇拜的領袖，他可能還會說「我打你是為你好，是在指導你」這種話。

這種思維模式非常危險。

日本又很流行「責任自負」這個詞，單拿精神控制這個例子來說，「是被騙的人自己不好」這種想法深植人心。

不只正念，在冥想蔚為風潮後，大部分人都只是光看表面就想盲目模仿，真正想要探究冥想本質的人，很遺憾幾乎沒有。可是，光是依樣畫葫蘆是無法從根本上解決問題的。

剛才被我拿來舉例的那些企業，說不定其實並沒有惡意，但老闆不去重新審視員工的工作環境及工作模式，**不願釐清問題的本質，卻跑來說：「請教我們目前正流行的正念！」優先追求一套徒具形式的做法，這就是問題所在。**

冥想原意就是要集中心神看清楚事物的本質。人們如果不去理解這一點，只是盲目把它當作一種工具，仿效表面的形式，情況當然會往不好的方向發展。

讓情緒「清晰可見」，
是獲得平常心的鑰匙

本書一直在說情緒是從心而生，也是由心在感受的東西。

這樣講雖然沒有錯，但其實除了心，還有其他生成情緒的源頭。我想在最後稍微說明一下這件事。

那個源頭就是身體。身體的狀態會隨著我們如何接收、感知外界事物而改變。尤其肌肉的變化是很敏感的。

比方說，日文中「我很感動」這句話，翻譯成英文是「I'm touched.」。感動是用「touch」，也就是「被觸碰了」來表現。這樣的語彙想必是在形容有什麼觸碰到我們內心時，那種來自於身體的感覺吧。

英語圈的佛教徒人數或許不多，但在「身體也會製造情緒」這件事上，想必大家都有相同的感覺。

都一樣會在餓到極點時變得暴躁易怒，在難以成眠時焦躁不安。

持續修行，就能透過身體感知到心中正在發生的情緒變化。在佛教修行之外，我不僅熱衷空手道，還當過十五年左右的推拿師傅，**心的變化會展現在身體上**，這件事我是親身見證過的。

很多僧人與其說重視心大於身體，其實是根本只關注心，因此說法內容通常都不會提及身體的部分，但我不一樣。

「與其用文字說明佛教，用身體來解釋更快呢。」

這種話我不曉得說過多少次。

我每個月會在全國各地（或海外）舉辦一次「大愚道場」，目的在於讓民眾透過體感來學習佛陀的教誨。我採用的方式就是把意識放到身體上來闡述佛法。

這種風格大獲好評。

沒有肉體的存在，就不會有情緒。

這也就是兩者密切相關的證據。

◎理想的情況，是透過話語和身體同步學習

這種「體感」只能靠累積經驗來慢慢培養，不管你再想光憑話語就理解，也是不可能的。

也因為這個緣故，我認為這個主題想透過書籍來清楚傳達的難度很高，於是只在最後面稍稍提及當作補充。

如果拿生活周遭的事物來比喻這種感覺，大概就像是職棒選手打出全壘打的體驗吧。鏘地一聲，球準準敲到球棒的中心線，高高飛出去……如果不曾在職棒的世界擊出過全壘打，一般人是無法體會那種感覺的。

就算擅長教學的前職棒選手再怎麼仔細說明，我們這些棒球外行人多半也難以真正明白。

即便是棒球少年或高中生棒球健兒，要習得職棒選手那種程度的「體感」，恐怕也相當不容易。

佛法的參透也是如此，因此我的理想是，希望大家可以在閱讀文字的同時，也透過體感去學習。用身體去感受那些文字帶給你的理解，就能讓那份理解更加深刻。

只要能成功掌握到心和身體的變化，讓情緒變得「清晰可見」，人就能保持平常心，提升控制情緒的技術。

為了駕馭自己的心，這是不可或缺的要素，因此，請感興趣的人不要只停留在抄經或冥想，務必親自去佛寺體驗需要身體共同參與的修行。

當然，我非常歡迎各位來參加「大愚道場」！

結語

你可以放下煩惱，過上舒服自在的人生

在這個世界上，有些事如同自然現象，無法靠自身努力去改變，但也有些事能憑藉自己的努力去扭轉。

無法靠自身努力改變的事物，我們只能接受。

不過，能靠個人努力去扭轉的事，最好花力氣去改變。因為，那會讓你活得更輕鬆得多。

金錢、工作、人際關係、健康狀態等，都是可以靠自身努力去改變和改善的。還有，你的「心」也是如此。

你對「祈禱」這個詞抱持著什麼樣的印象呢？

古今中外，人們只要遇上難關，就會去向神佛祈求。

可能有很多人會因此認為，祈禱是在熱切請求神明或佛祖實現自己的願望。這個詞的語源眾說紛紜，其中有一種見解是，祈禱是在「宣告意志」。祈禱的當下，其實是在向自己宣告自我的意志和意圖，表明未來「自己想〇〇做，想達到〇〇狀態，想變成〇〇的人」。

「祈禱＝宣告自己的想法」，這樣一來，就不再只是想仰賴外力幫忙，而是要靠自己的力量去一步步實踐自己決定好的事、設定的目標，以及想實現的願望。換句話說，「祈禱」並不是用一種依賴心態去向神明或佛祖撒嬌說「請幫我實現〇〇」、「希望我能變成〇〇」，而是在宣告「我要實現〇〇」的行為。

我認為，在生活中不忘這份「祈禱」，是一種非常重要的態度。如此一來，當你遇事絕望而去祈求時，就算結果不如預期，也不會產生憤怒。

因為是自己宣告「想達到這種狀態」，也盡己所能地去努力過了，心中就不會有後悔，更不會把責任推到別人頭上。這種純粹而坦然的生活方式，就是「祈禱」。

所謂的祈禱，絕對不是要你自居弱者去拜託神明「請幫我想想辦法」。請各位理解，佛教的祈禱其實是這樣的意涵。

我認為本書所傳達的佛教思維，正是對今後的現代人十分重要的觀念。我每天都不斷在學習和修行，愈了解佛教的教誨，我愈覺得世界上的每個人「如果都能用這種方式生活，人生會變得輕鬆很多」，以及「如果能成為這樣的人，生活應該會遠比現在來得自在」。

當然，想要達到那種狀態，是需要經過一番訓練和練習的，但佛教就是一個非常有效率的體系，連執行的步驟都幫你整理好了。

每個人對佛教的想法和體悟都不同，因此書中有些地方可能會讓學者想指出「這種解釋方式不對」，但在本書中，我盡量把自己的所思所感，以最淺白易懂的文字全部表達出來了。

人生，充滿艱辛痛苦。

活著，苦難常伴左右。

儘管如此，仍有很多方法可以幫助大家盡量開朗、愉快、安定地過日子。

我分享的這些想法並不是「絕對只能這麼做」。如果有人覺得「不太適合自己」，只要去尋找適合自己的方式就行了。

不過，如果你覺得「想試試看」、「好像挺適合我的」，那請務必實踐看看。

由衷盼望各位在閱讀本書後，都能跨越自己的「心牆」，盡可能放下一些煩憂和痛苦，步上幸福的人生。

大愚元勝

附錄

二十五個善心所

十三個同他心所

根據佛陀十大弟子之一的阿那律所言，佛教列舉的心所總共有五十二個。本書內容聚焦在十四個不善心所（負面情緒）。除此之外，還有與之相反的二十五個善心所，以及基本心態十三個同他心所，本書最後以附錄的形式簡單介紹。

二十五個善心所

1 信

憑理智做出正確判斷後獲得的一種篤定。在經驗的背書下，自己思考出答案並接受那個答案，就是信，對自己的行為有所篤定，而且願意負責任。盲目相信他人的想法是痴，是一種有害的行為。

2 念

是「覺察」。放棄對過去和未來的妄想，專注看清楚「此時此地」。我們的身口意（行動、話語、思考或情感），無論好壞都會變成一種習慣，而且平時幾乎都是在無意識的狀態下運作。藉由去「覺察」到有害的身口意，可以減少失敗或發生衝突的機會。

3
慚

對於丟臉、不像樣或不體面的事，感到羞恥的心情。以及下定決心不去做這類行為的意志。

4
愧

懼怕壞事的心情。也是努力避免創造糟糕情況的意志。由於慚和愧常合成一組在管理我們的行動，因此也會把兩者合併起來說「慚愧」。正因為有這兩個善心所，我們才能及時打消做壞事的念頭（如果沒有，人就會克制不住自己）。

5
無貪

放下無止盡追求金錢財物、知識、地位或快樂等欲望。把幸福分享給他人，不求回報地布施。愈布施，人就愈能遠離貪念，內心就會變得更柔軟、更強大、更自由。

6 無嗔

面對每個生命都要抱有慈悲心，減少憤怒情緒的意志。培養無嗔後，就算別人出現過分的言行，自己也能沉著應對。訣竅是不以個人好惡去評斷他人，讓自己保持溫柔慈悲的心境。

7 中捨

保持冷靜且平穩的心境。選擇客觀的態度，中立立場。培養中捨這個心所的訣竅在於，不期待任何回報。養成中捨這個心所後，內心就會處於寬和溫柔的狀態，能夠平等對待所有生命。

8 身輕安

身體感到穩定、放鬆的狀態。也就是自然的狀態。這個心所和心輕安（精神）是一組的，只要保持身輕安，對精神也會帶來正面影響。

9 心輕安

精神感到安定、放鬆的狀態。和身輕安是一組，只要保持心輕安，對身體也有良好影響。

10 身輕快性

身輕安指的是身體狀況穩定、放鬆的狀態，而身輕快性指的是活力充沛、富有行動力的狀態。

11 心輕快性

心輕安指的是精神安定、放鬆的狀態，而心輕快性指的是開朗、充滿朝氣，很樂在其中的狀態。

12 身柔軟性

身體富有彈性，沒有地方僵硬、疼痛。表現出色的體育選手都有兩個共通點，高超的身體能力與優異的柔軟度。成長，需要竹子般的柔韌。

13

心柔軟性

頑固的相反。內心會順應環境變化做出調整，就像水會隨容器形狀柔順地改變形貌。有彈性、能適應各種情況的人就容易生存，也會不斷成長。

14

身適業性

適合行動的狀態。隨時可以為採取下一個行動做好準備。指的是身體能順暢運作，具有行動力又充滿活力的狀態。

15

心適業性

就像是武術高手說的，「你要從哪個方向攻過來都行。」整個人游刃有餘的心理狀態，也就是隨時可以善盡自身職責，做好份內事。無論在工作上或運動上，真正優秀的人不光具備身心彈性，適應能力也很高。

16

身練達性

練達性，意思就是「熟練」。知道要成功「應該做些什麼」，懂得反推步驟且事先練習好的狀態。成功要靠適業性和練達性才能達成。無論在哪個領域，被稱為專家的人都兼備「適業性」及「身練達性」。

17 心練達性

當身心十分熟練某項事物後，就能應付該領域的各種情況。持續練習的累積，可以提升心練達性。「心練達性」會隨著「身練達性」一同成長。

18 身正直性

堅持到底、不中途放棄的強韌，行動中有清晰意志的特質，就稱為「身正直性」。不會在實現目標的過程中表現出搖擺不定、優柔寡斷的狀態，也不會做得心不甘情不願，而是以自己為主體投入行動，帶著「好，來做吧！」的心態。

19 心正直性

不放棄的心。不屈不撓的精神。無論失敗幾次都不氣餒的心境。這和柔軟性同為一個人想成長不可或缺的心所。

20 正語

佛教要我們戒除謊言、背地裡說三道四、粗俗傷人的話語和八卦閒聊，而作用和這類惡語相反的，就稱為「正語」。聽到不好的話時，大腦無法分辨是自己對別人說的，還是別人對自己說的，會直接受到惡語影響。因此，我們應避免受他人惡語影響，也要有意識地控制自己說話的分寸。

21 正業

業，是身體做出的行為。正業的意思就是「做符合正道的行為」。不做對自己、對他人或對社會有害的行為，就是正業。對自己的行為負責，不該採取會陷人生於不幸之中的行動。

22 正命

正命，是維持生命的行為（工作）。就算是為了生存，最好也不要從事會危害、拖累自身或他人性命的工作。原因在於，即使可以暫時大賺一筆，但從長遠的眼光來看，會失去內心的純淨。佛陀勸戒人莫殺生、偷盜、邪淫、惡語、製造販賣武器、製造販賣酒及毒藥，以及買賣生物等。

23 悲

能體會、同情他人的苦惱。是一種會讓人想協助其他生命解決煩憂的能量。培養一顆慈悲體貼之心的心所就是「悲」。只要養成悲的心所，身心都會充滿能量、常保健康。

24 喜

為他人的好事、幸福感到喜悅。例如，當朋友「升職了」、「結婚了」或「懷孕了」等好事發生時，能真心為對方高興的心。看似簡單，不過因為拿他人和自己比較、忌妒別人是人類的天性，實則相當困難。

25 慧根

在佛教中最重視的心所。不帶主觀或妄念，客觀看待、如實感知事物的能力。有了智慧，其他所有心所就能運作得當。培養智慧的練習就稱為修行。所謂佛教，就是為了放下執著這個痛苦的根源，看清楚事物原貌，學習智慧的一種實踐練習法。

十三個同他心所

遍一切心心所（建立「心的地基」的七種運作方式）是心的基本運作模式，再加上雜心所（不是每次起心動念都會出現的六種運作方式），就確立了我們「認知」事物的機制。

1 觸

心觸及對象時的運作機制。「眼」、「耳」、「鼻」、「舌」、「身」、「意」（心）這六種感覺器官各司其職，眼觀色與形，耳聽音，鼻聞氣味，舌嚐味道，身感受冷熱及軟硬，意（心）則透過觸及法（概念），讓心觸及（感知）到對象。

2 受

感受觸及對象的運作機制。就算有觸及，只要沒去感受，就不會產生感知。就像是耳朵觸及喜愛的音樂就感到開心，眼睛觸及討厭的人心情就變差一樣。

3 想

區別感知對象和其他東西的運作機制。想，就像是話語形成前所接收到的印象。比方說，在看見櫻花和楓葉的瞬間就能區別兩者，或辨識出掛在樹上的紅色圓形果實是「蘋果」，在言語生成之前就明白「這是這樣的東西」的概念。

4 思

引發行動的精神運作機制，是瞬間迸發的意志。人類會以行動展現心裡想過的念頭，但一切行動都由自己的意志作主。所謂意志，指的是內心浮現的「想做什麼的念頭」。比較微弱的思稱為「意圖、意思」（intention），比較強烈的則稱為「意志」（will）。

5 一境性

集中注意力在對象上，與其合而為一。在「眼」、「耳」、「鼻」、「舌」、

「身」、「意」（心）這六種感覺器官分別「看」、「聽」、「聞」、「嚐」、「觸」、「思」的瞬間，身心和對象化為一體。不同於專注力，在這個狀態中，心可以只聚焦在一個對象一瞬間，又不斷隨意變換關注的對象。只要去練習這件事，就能培養出專注力，如果練不成，意識就會容易分散。

6 命根

心無時無刻都在生滅、變化的運作機制。佛教把世間萬物區分成物質和精神來思考。物質身體的生命能量稱為「命色」，精神上的則稱為「命根」。活著，就是新陳代謝不斷的循環，在細胞層級不斷經歷生滅。一旦這種活動停止，就是死亡降臨的瞬間。同樣地，心在每一刻也會擁有一瞬間的生命，重複不斷地生滅變化。「命根」指的就是，心活在這個瞬間的運作機制。

7 作意

「那是什麼？」「去玩吧！」「我得去買東西。」就像這樣，心總會被印象強烈的對象吸引。「作意」指的就是驅動心的機制。生活中，其實許多人都是被心所的感知牽著走，並不是真切按照自己的意志在過活。因此，佛陀說：「請按照自己的意志腳踏實地地生活。」「駕馭自己的心，人就能活得自由。」

8 尋

立刻區別並辨識對象的資訊處理能力。例如：「這是什麼？」「咦？是什麼聲音？」諸如此類的思考。「尋」是在感知事物時啟動、一瞬間的邏輯思辯。如果一個東西很清楚，或者是你並不在意它，就不會引發尋。

9 伺

針對一個對象進行思考的運作機制。和前一個「尋」是一組，「伺」也會跟著啟動。「這是什麼？」「是蝴蝶。」如果說這樣的感知過程是「尋」，那「伺」就是在對對象懷有情感，比方說，「沒看過這種蝴蝶耶？」說這句話時會強烈起作用。換言之，是想要明確了解事物時運作的心所。

10 勝解

「無論如何就是很在意」某樣事物的心所，這有可能變成專注力，也可能變成執著。像是「我想解決這個問題」、「那個人為什麼要說那種話呢？」、「好期待新車交車」、「那孩子住在哪裡呢？」等等。不論情況是好是壞，心就是無法從某個對象上離開的運作機制。

11 精進

朝目標努力的能量，努力的運作機制。人類容易因貪、嗔、痴三毒而受煩惱左右，陷入一種不自由又難以達成目標的狀態。當精進心養成，「就這樣做吧」的想法便不會輕易動搖，使人變得更加自由、更能輕鬆達成目標。只不過，如果一心朝物質方面精進，忽略了讓內心通透、精神上的精進，就會創造出一個痛苦的循環。

12 喜

「真好吃」、「好開心喔」、「好好玩」這類心情就是喜悅，會化為支撐人活下去的動力。因為有這種喜悅，人才會努力。不過從五感獲得的喜悅有其極限，身體的感官如果一直受刺激，就會逐漸麻痺。即便是一開始令人萬分感動的食物，一吃再吃也會膩。其實不用一直砸時間砸錢追求五感的刺激，人在平常生活的環境中就能充分感受到喜悅。

13 意欲

幹勁或能量、驅動人採取行動的運作機制。這個心所一旦減弱，人就會失去行動力。意欲不見得都會往善的方向起作用，也會推往惡的方向發展。所謂修行，就是要消除想做壞事的意欲，培養「想提升個人品格！」的意欲。只要培養出正向的意欲，人就能不斷完成想做的事。

你的心有一道牆

人生沒什麼放不下，在紛紛擾擾中活出豁達心境的29帖安定禪方

自分という壁 自分の心に振り回されない29の方法

作　　者　大愚元勝
譯　　者　徐欣怡
主　　編　林玟萱

總 編 輯　李映慧
執 行 長　陳旭華（steve@bookrep.com.tw）

出　　版　大牌出版 / 遠足文化事業股份有限公司
發　　行　遠足文化事業股份有限公司（讀書共和國出版集團）
地　　址　23141 新北市新店區民權路 108-2 號 9 樓
電　　話　+886-2-2218-1417
郵撥帳號　19504465 遠足文化事業股份有限公司

封面設計　FE 設計 葉馥儀
排　　版　新鑫電腦排版工作室
印　　製　中原造像股份有限公司
法律顧問　華洋法律事務所　蘇文生律師

定　　價　390 元
初　　版　2025 年 04 月

電子書 E-ISBN
9786267600573 (PDF)
9786267600580 (EPUB)

國家圖書館出版品預行編目資料

你的心有一道牆／大愚元勝 著；徐欣怡 譯 . -- 初版 . -- 新北市 :
大牌出版 , 遠足文化發行 , 2025.04
272 面 ; 14.8×21 公分
譯自 : 自分という壁 : 自分の心に振り回されない 29 の方法
ISBN 978-626-7600-59-7（平裝）
1. 禪宗　2. 佛教修持　3. 人生哲學

226.65　　114003511